Hand- und Lehrbücher der Pädagogik

Herausgegeben von Dr. Arno Mohr

Bisher erschienene Werke:

Faulstich-Wieland, Individuum und Gesellschaft

Haefner, Gewinnung und Darstellung wissenschaftlicher Erkenntnisse insbesondere für universitäre Studien-, Staatsexamens-, Diplom- und Doktorarbeiten

Kammerl (Hrsg.), Computerunterstütztes Lernen

May, Didaktik der ökonomischen Bildung, 3. Auflage

Schröder, Lernen – Lehren – Unterricht

Didaktik der ökonomischen Bildung

Von
Dr. Hermann May
Professor für Wirtschaftswissenschaft
und ihre Didaktik

3., verbesserte Auflage

R. Oldenbourg Verlag München Wien

Die Deutsche Bibliothek - CIP-Einheitsaufnahme

May, Hermann:
Didaktik der ökonomischen Bildung / von Hermann May. – 3., verb.
Aufl.. – München ; Wien : Oldenbourg, 2001
   (Hand- und Lehrbücher der Pädagogik)
   ISBN 3-486-25707-2

© 2001 Oldenbourg Wissenschaftsverlag GmbH
Rosenheimer Straße 145, D-81671 München
Telefon: (089) 45051-0
www.oldenbourg-verlag.de

Gedruckt auf säure- und chlorfreiem Papier
Druck: R. Oldenbourg Graphische Betriebe Druckerei GmbH

ISBN 3-486-25707-2

Vorwort

Obgleich ökonomische Bildung – wenn auch nur vereinzelt verselbständigt, so doch im Verbund mit politischer Bildung – seit geraumer Zeit mehr oder weniger ausgeprägt Berücksichtigung in den länderspezifischen Lehrplänen allgemeinbildender Schulen findet, sind die damit verbundenen didaktischen Fragestellungen bislang immer noch nicht hinreichend in ihrer Komplexität erfaßt. Auslassungen zur Didaktik der ökonomischen Bildung bleiben großteils auf didaktische Teilaspekte der Wirtschaftslehre, so insbesondere auf methodische Fragestellungen, Lehrpläne, Schulbücher und Unterrichtsmaterialien beschränkt. Diese Tatsache ist in hohem Maße bedauerlich und erschwert die einschlägigen Bemühungen der sich für wirtschaftskundlichen Unterricht qualifizierenden Studierenden wie auch der bereits diesbezügliche Stoffe vermittelnden Lehrer in der Praxis.

Das hier vorliegende Lehrbuch versucht diesem Mangel zu begegnen. Ausgehend (Kapitel I.) von einer Definition der ökonomischen Bildung wird hier das mit dieser angestrebte Leitziel (ökonomische Mündigkeit) und dessen Operationalisierung (Tüchtigkeit, Selbstbestimmung, Verantwortlichkeit) aufgezeigt, um schließlich die Situationsfelder zu markieren, in denen sich ökonomische Bildung zu bewähren hat: Konsum, Arbeit und Wirtschaftsgesellschaft.

Im Kapitel II. wird versucht, Wirtschaft(en) über die Eröffnung von Grundeinsichten zu erfassen. Es werden zunächst vierzehn fachwissenschaftliche Kategorien (Stoffkategorien) aufgedeckt, um dann von diesen den Brückenschlag zu ihren fachdidaktischen Entsprechungen (Bildungskategorien) zu vollziehen. Es werden dabei beispielhaft wirtschaftliche Alltagssituationen aufgezeigt, die den unterrichtlichen Transfer der Stoffkategorien in Bildungskategorien ermöglichen.

Die hier ausgebreitete Kategorienlehre repräsentiert die Weiterentwicklung meiner 1978 im UTB-Band 826 (Reinhardt Verlag, München) „Arbeitslehre" erstmals veröffentlichten ökonomischen Grundeinsichten. In ihrer Weiterentwicklung bringt sie zum Ausdruck, daß es sich bei ihr nicht um ein geschlossenes System handelt, sondern um ein offenes, das neue ökonomische Grundeinsichten jederzeit aufzunehmen bereit ist.

Im III. Kapitel wird der Versuch unternommen, den für allgemeinbildende Schulen relevanten wirtschaftlichen Bildungsstoff in einer erkenntnislogischen Reihung aufzulisten. Mit dieser ordnenden Übersicht soll all jenen geholfen werden, die sich mit dem in den offiziellen (Schul-)Lehrplänen häufig anzutreffenden „wilden Durcheinander" fachdidaktisch nicht zu rechtfertigender, meist ideologischer und politischer Setzungen nicht anfreunden können und deshalb eine fachlich fundierte Orientierung suchen.

Die beiden herausragenden Schwerpunktbereiche allgemeiner ökonomischer Bildung, Verbrauchererziehung und Berufsorientierung werden in Kapitel IV. behandelt.

Das V. Kapitel (Schlußkapitel) widmet sich den spezifischen Methoden der ökonomischen Bildung. Es sind insbesondere die schüleraktiven (handlungsorientierten) Unterrichtsverfahren, wie Fallstudie, Rollenspiel, Planspiel, Projekt, Betriebserkundung und Betriebspraktikum, die hier vorgestellt werden.

Zur Überprüfung des Lernerfolges sind den einzelnen Themenkomplexen Kontrollfragen und teilweise auch Arbeitsaufgaben angefügt.

Weiterführende Literaturangaben weisen den Weg zur selbständigen Vertiefung der behandelten Themen.

Die hier vorliegende „Didaktik der ökonomischen Bildung" ist das fachdidaktische Komplement zu meinem ebenfalls im R. Oldenbourg Verlag, München-Wien, erschienenen fachwissenschaftlichen Lehrbuch „Ökonomie für Pädagogen".

Hermann May

Inhaltsübersicht

I.
EINFÜHRUNG IN
DEN PROBLEMBEREICH

Ökonomische Bildung kann als die Qualifikation (Ausstattung von Individuen mit Kenntnissen, Fähigkeiten, Fertigkeiten, Haltungen u. a.) umschrieben werden, wirtschaftlich geprägte Lebenssituationen zu bewältigen.[1]

Da wirtschaftliches Tätigwerden ein das menschliche Handeln elementar kennzeichnender Akt darstellt, muß ökonomische Bildung als eine generelle Aufgabe des Bildungssystems erkannt und damit als Teil der **Allgemeinbildung** gesehen werden.[2] Die lange Zeit im Rekurs auf die neuhumanistische Bildungsidee Wilhelm von Humboldt (1767–1835) vertretene und immer noch nachklingende Auffassung, daß wirtschaftliche Bildung Spezialbildung, nämlich Berufsvorbereitung sei, steht allerdings einer konsequenten Umsetzung dieser Erkenntnis im Bereich der allgemeinbildenden Schulen auch weiterhin hinderlich im Wege.

Eine ökonomische Qualifizierung der Heranwachsenden im Bereich der allgemeinbildenden Schulen setzt zunächst eine entsprechende Reflexion und Feststellung darüber voraus, was mit einer solchen (Qualifikation) erreicht werden soll (Leitziele der ökonomischen Bildung). Nachfolgend hat eine Erschließung sowie Aufbereitung des bildungsrelevanten wirtschaftlichen Stoffes, über den die ökonomischen Bildungsziele erreicht werden sollen, zu erfolgen. Eine solche Didaktik der ökonomischen Bildung fragt nach den Bildungsaufgaben und Bildungsinhalten beziehungsweise nach den Bildungskategorien; „sie fragt nach ihrem Bildungssinn und den Kriterien für ihre Auswahl, nach ihrer Struktur und damit auch ihrer Schichtung, schließlich nach ihrer Ordnung, verstanden einerseits als zeitliche Anordnung..., andererseits als Zuordnung verschiedener gleichzeitig zu erschließender Sinnrichtungen...".[3]

Leitziel ökonomischer Bildung ist der mündige Wirtschaftsbürger. Folgen wir Albers[4], so läßt sich diese Mündigkeit über die Kriterien Tüchtigkeit, Selbstbestimmung und Verantwortlichkeit operationalisieren. **Tüchtigkeit** meint in seinem Verständnis die Fähigkeit der sachgerechten und effizienten Problemlösung; **Selbstbestimmung** bedeutet freie Gestaltung des eigenen Lebens; **Verantwortung** schließlich umschreibt die Bereitschaft, das individuelle Handeln vor sich selbst und gegebenenfalls auch vor der Gesellschaft zu rechtfertigen. Ohne Selbstbestimmung und Verantwortung ist nach Albers eine Bewältigung ökonomischer Lebenssituationen ebenso wenig möglich wie ohne Tüchtigkeit.[5]

---

[1] Vgl. hierzu Albers, H.-J. (Hrsg.), Handlungsorientierung und ökonomische Bildung, Bergisch Gladbach 1995, S. 2ff. sowie Kruber, K.-P. (Hrsg.), Didaktik der ökonomischen Bildung, Baltmannsweiler 1994, S. 10ff.

[2] So auch Kaiser, F.-J., Kaminski, H., Methodik des Ökonomie-Unterrichts, Grundlagen eines handlungsorientierten Lernkonzepts mit Beispielen, Bad Heilbronn 1994, S. 22ff.

[3] Klafki, W., Studien zur Bildungstheorie und Didaktik, Weinheim-Basel 1967, S. 84.

[4] Vgl. Albers, H.-J. (Hrsg.), Handlungsorientierung und ökonomische Bildung, a. a. O., S. 3f.

[5] Vgl. Albers, H.-J., Allgemeine sozio-ökonomisch-technische Bildung, Köln-Wien 1987, S. 189ff.

Die über ökonomische Bildung zu bewältigenden Lebenssituationen lassen sich im wesentlichen drei wirtschaftlichen **Situationsfeldern** zuordnen: dem Konsum, der Arbeit und der Wirtschaftsgesellschaft.[6] Mit den ökonomischen Problemen des **Konsums** sieht sich der Jugendliche schon in frühen Jahren konfrontiert und zur Auseinandersetzung gezwungen. Über den Konsum vollzieht sich sein Einstieg ins Wirtschaftsleben. Ihm folgt nach geraumer Zeit die arbeitsweltliche Integration (**Arbeit**). Über sie eröffnet sich dem jungen Menschen die Möglichkeit der eigenverantwortlichen materiellen Existenzsicherung und darüber hinaus der persönlichen Bewährung. Als Konsument und Arbeitender entdeckt sich schließlich der Heranreifende als Glied einer größeren Einheit, unserer **Wirtschaftsgesellschaft**. In ihre Ordnung ist er gestellt und zu ihrer Mitgestaltung ist er als demokratischer Bürger aufgerufen.

Den aus diesen – den jungen Menschen gleich konzentrischen Kreisen umfassenden und sukzessiv einfordernden – **Handlungsbereichen** erwachsenden Ansprüchen haben die wirtschaftskundlichen Schulcurricula zu entsprechen. Und an diesen Lehrplänen haben sich schließlich auch die Studienordnungen der Lehramtsstudiengänge „Ökonomie" auszurichten. „Ökonomie für Pädagogen" wird damit zu einem didaktisch orientierten Fachstudium, das im Hinblick auf das schulische Tätigkeitsfeld des Lehrers konzipiert ist und demzufolge dessen Befähigung anstrebt, Schüler für die Bewältigung wirtschaftlicher Lebenssituationen zu rüsten. Ein unter dieser Zielsetzung ausgerichtetes Ökonomiestudium hat nun aber keineswegs nur den gegenwärtigen Anforderungen der Schulcurricula zu genügen, sondern muß versuchen, auch in der (näheren) Zukunft liegende, pädagogisch bedeutsame wirtschaftliche Entwicklungen zu antizipieren, sie zu thematisieren und in ihrer unterrichtlichen Relevanz zu gewichten.

Unabhängig von der Konstruktion dieses Studienfaches „Ökonomie" (sei es nun vereint mit Politik, Soziologie, Technik oder aber eigenständig) muß unseres Erachtens für alle Lehramtsstudenten, die später an allgemeinbildende Schulen wirtschaftliche Unterrichtsstoffe (auch wenn diese integrierenden Unterrichtsfächern wie Sozialkunde, Gemeinschaftskunde, Politik, Arbeitslehre u. a. zugewiesen sind) behandeln, ein Minimum solcher fachdidaktisch gerechtfertigter Studieninhalte verlangt werden.

---

[6] Siehe hierzu die Einteilung meines Lehrbuches „Ökonomie für Pädagogen", 10. Aufl., München-Wien 2001 sowie des von mir herausgegebenen „Handbuch zur ökonomischen Bildung", 5. Aufl. München-Wien 2000.

II.
FACHWISSENSCHAFTLICHE UND FACHDIDAKTISCHE KATEGORIEN

1. Zur Notwendigkeit der Kategorienbildung

Lassen wir uns von der Erkenntnis leiten, daß es im Rahmen unterrichtlicher Befassung unmöglich ist, die wirtschaftliche Wirklichkeit in ihren Grundlagen, Abläufen, Wirkungen und Erfordernissen objektiv als Ganzes zu erfassen, so scheint die Forderung nach einer Reduktion des ökonomischen Bildungsgutes zwangsläufig. Eine solche Reduktion des ökonomischen Bildungsgutes muß auf das *Stoffallgemeine* abheben, das heißt auf Einsichten in die Grundstrukturen, die diesen Lehrgegenstand skelettartig durchziehen und zusammenhalten. Derartige *Grundeinsichten* sind geeignet, systematisierbar und damit in gewisser Weise durchschaubar zu machen, so „daß an einem inhaltlichen oder methodischen Element... der ganze Stoff oder große Teile von ihm repräsentativ erschaut werden können"[1]. Diese als **fachwissenschaftliche Kategorien (Stoffkategorien)** zu verstehenden Grundeinsichten sind deutlich zu unterscheiden von den **fachdidaktischen Kategorien (Bildungskategorien)** als „die in den Sachgehalten (Wissenschaften) vorausgesetzten bereichsspezifischen Normstrukturen oder Sollensgehalte, die sich das Selbst (der Schüler, d. Verf.) im Bildungsgespräch erarbeitet..."[2]. Zu ihnen gelangen wir dadurch, daß die fachwissenschaftlichen Stoffstrukturen an immer neuen Stoffsituationen unterrichtlich herausgearbeitet und verifiziert werden und darüber den Schülern zur Einsicht verhelfen, daß es sich bei den speziellen wirtschaftlichen Erscheinungsbildern nicht um (zeitlich – oder umstandsbedingte) Zufälligkeiten handelt, sondern um etwas Typisches. In dieser Einsicht vollzieht sich gleichsam ein Brückenschlag zwischen Stoff- und Bildungskategorie. „Bildend sind (nämlich, d. Verf.) nicht die besonderen Sachverhalte als solche, sondern die an ihnen oder in ihnen zu gewinnenden Struktureinsichten oder Gesetzeskenntnisse, die erfaßten Prinzipien oder erfahrenen Motive, die beherrschten Methoden oder die verstandenen Fragerichtungen, die angeeigneten Grundformen oder Kategorien."[3] Oder anders ausgedrückt: Eine Bildung des Schülers wird erst dann erwirkt, „wenn aus einem Besonderen, in dem sich ein Allgemeines abbildet, jenes Allgemeine so deutlich gemacht wird, daß es – als Schlüsselbegriff, als Regel, als Problem – an einem neuen Besonderen erkannt werden kann"[4].

---

[1] Dauenhauer, E., Kategoriale Didaktik, Rinteln 1969, S. 196.
[2] Derbolav, J., Versuch einer wissenschaftstheoretischen Grundlegung der Didaktik, in: Zeitschrift für Pädagogik, 2. Beiheft, 1960, S. 27.
[3] Klafki, W., Das Problem der Didaktik, in: Zeitschrift für Pädagogik, 3. Beiheft, 1963, S. 58.
[4] Hilligen, W., Zur Didaktik des politischen Unterrichts, 4. Aufl., Bonn 1985, S. 38.

2. Wirtschaftswissenschaftliche Kategorien

In dem für die allgemeine ökonomische Bildung relevanten Stoffbereich lassen sich folgende theoretische Kategorien und Subkategorien ausmachen[5]:

(1) Menschliches Handeln ist bedürfnisgetrieben;
(2) die Knappheit der Güter zwingt den Menschen zu wirtschaftlichem Handeln;
(3) wirtschaftliches Handeln ist konfliktgeprägt;
(4) wirtschaftliches Handeln ist entscheidungsbestimmt;
(5) wirtschaftliches Handeln ist risikobehaftet;
(6) wirtschaftliches Handeln ist nutzen-/gewinnorientiert;
(7) wirtschaftliches Handeln impliziert Arbeitsteilung;
(8) wirtschaftliches Handeln schafft Interdependenz;
(9) wirtschaftliches Handeln bedarf der Koordination;
   (a) Markt bedeutet Wettbewerb;
   (b) Wettbewerb dient dem Gemeinwohl;
   (c) Wettbewerb wird durch das menschliche Machtstreben ständig bedroht;
(10) wirtschaftliches Handeln führt zu Ungleichheit;
(11) Ungleichheit induziert Leistungsstreben, Fortschritt und Wohlstand;
(12) Wohlstand fundiert Freiheit und Macht;
(13) jeder ist sein eigener Unternehmer;
(14) wirtschaftliches Geschehen vollzieht sich in Kreislaufprozessen.

Diese Kategorien sollen nachfolgend erläutert und einsichtig gemacht werden.

Zu (1) Menschliches Handeln ist bedürfnisgetrieben

Jegliches freiwillige menschliche Tätigwerden ist als Reaktion auf ein Bedürfnis zu verstehen. Mit dem Begriff Bedürfnis wird in der Wirtschaftswissenschaft der Mangel belegt, den der Mensch bestimmten Gütern (einschließlich Dienstleistungen) gegenüber empfindet und den er bestrebt ist zu beheben. In seiner Verschiedenartigkeit und Vielfältigkeit reflektiert dieses Mangelempfinden „das Produkt eines evolutionären Prozesses, in dem sich nicht nur individuelle und kollektive Bezüge, sondern auch unterschiedliche Bewußtseinsstufen von Verhaltensregelungen ausdifferenziert haben"[6]. „Was wir als Bedürfnis aktuell erleben, sind nur selten einfache, unkomplizierte Phänomene; kulturelle Entwicklung und individuelle Reifung haben

---

[5] Die nachgenannten Kategorien und Subkategorien repräsentieren kein geschlossenes System. Sie bilden lediglich das Resümee der einschlägigen Reflexion und zeigen sich einer Erweiterung gegenüber offen

[6] Hondrich, K.O., Bedürfnisse, Ansprüche und Werte im sozialen Wandel, in: Hondrich, K.O., Vollmer, R. (Hrsg.), Bedürfnisse, Stabilität und Wandel, Opladen 1983, S. 27.

aus ursprünglichen Bedürfnissen, aus Erlebnissen, Erfahrungen, Erkenntnissen und Normen komplexe Gebilde entstehen lassen, die in aller Regel mit den Kategorien des Bedürfens nur grob und unzulänglich beschrieben werden können."[7] So gesehen, präsentiert sich ein Bedürfnis „als leibseelische Zuständigkeit, die sich in Spannungs- und Antriebsmomenten äußert..."[8].

Damit steht fest, daß die bewußtgewordenen Bedürfnisse des Menschen den Beweggrund seines (wirtschaftlichen) Handelns bilden. Sie lassen ihn nach Mangelbehebung und damit nach ihrer Befriedigung streben, was die Beschaffung der dafür geeigneten Mittel – finanzieller wie auch materieller Art – voraussetzt.

Sicherlich drängen nicht alle Bedürfnisse mit der gleichen Dringlichkeit nach Befriedigung. Dafür sind sie – wie bereits angedeutet – zu verschiedenartig. Versuche, die Bedürfnisse hinsichtlich ihrer Dringlichkeit respektive ihrer nach Absättigung drängenden Reihenfolge zu ordnen, sind deshalb naheliegend. So wird zwischen **primären** (angeborenen) und **sekundären** (gelernten, aus sozialen Kontakten erworbenen) Bedürfnissen unterschieden, zwischen **vitalen** (existentiellen, physiologischen), **sozialen** (sozio-psychischen) und **geistigen** oder auch zwischen **Existenz-, Kultur-** und **Luxusbedürfnissen**. Diese Strukturierungsversuche sind durchweg sehr grob. So dürfte im Zuge allgemeiner Wohlstandsmehrung insbesondere die Abgrenzung zwischen Kultur- und Luxusbedürfnissen zunehmend Schwierigkeiten bereiten. Vieles, was heute als unverzichtbar gilt, wurde noch vor nicht allzu langer Zeit als Luxus angesehen. Auch die auf Eugen von Böhm-Bauwerk (1851-1914) zurückreichende Unterscheidung zwischen **Gegenwarts-** und **Zukunftsbedürfnissen**, die die Feststellung impliziert, daß der Mensch in der Regel die gegenwärtigen Bedürfnisse intensiver empfindet als die zukünftigen, bringt – so insbesondere hinsichtlich einer besseren Bedürfnisbefriedigung – nur wenig Erkenntnisgewinn.

Ökonomisch verwertbare Aufschlüsse über die Beweggründe menschlichen Handelns ergeben sich wohl am ehesten aus dem bedürfnistheoretischen Ansatz des amerikanischen Psychologen Abraham H. Maslow (1908-1970), der sich bemühte, soziale Determinanten der Persönlichkeitsentwicklung aufzudecken und mit einer Hierarchisierung der (Grund-) Bedürfnisse zu verbinden. Maslow unterscheidet verschiedene Bedürfnisebenen, die er pyramidenartig anordnet. (Siehe hierzu Abb. 1). Man spricht deshalb auch von der Maslowschen Bedürfnis-Pyramide.

---

[7] Scherhorn, G., Bedürfnis und Bedarf, Sozialökonomische Grundbegriffe im Lichte der neuen Anthropologie, Berlin 1959, S. 100.
[8] Ebenda.

Abb. 1

Die Basis dieser Pyramide bilden die physiologischen Bedürfnisse, deren Befriedigung mit der höchsten Dringlichkeit begehrt wird. Ihnen nachgeordnet sind mit abnehmender relativer Bedeutsamkeit: Sicherheitsbedürfnisse, soziale Bedürfnisse, das Bedürfnis nach Selbstachtung und gesellschaftlicher Wertschätzung und schließlich das Bedürfnis nach Selbstverwirklichung. Der Wert dieses Klassifizierungsversuches liegt weniger in der Abgrenzung einzelner Bedürfnisebenen als vielmehr „in der Ausdifferenzierung der Persönlichkeit in verschiedene, grob umrissene Entwicklungsstadien, von denen die höheren nur erreicht werden können, wenn die vorigen mindestens einigermaßen verwirklicht wurden"[9].

Graphisch kann dieser Zusammenhang wie folgt veranschaulicht werden (siehe Abb. 2):

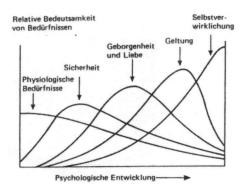

Abb. 2 Entnommen aus: Scherhorn, G., Verbraucherinteresse und Verbraucherpolitik, a. a. O., S. 9.

---

[9] Scherhorn, G., Verbraucherinteresse und Verbraucherpolitik, Göttingen 1975, S. 9.

Die den physiologischen Bedürfnissen in ihrer Manifestation nachgelagerten höheren Bedürfnisse werden als Ausdruck einer evolutorischen Entwicklung gedeutet, die an die Lernfähigkeit des Menschen gebunden ist und infolgedessen von jedem einzelnen in seiner Ontogenese erworben werden muß.[10]

Die **physiologischen Bedürfnisse** sind Ausdruck der Bedingungen menschgemäßen Überlebens. Sie richten sich im wesentlichen auf Essen, Trinken, Schlaf, Kleidung, Wohnung, Sexualität, Sinneswahrnehmung, Bewegung. Ihre Befriedigung ist Voraussetzung für die Entwicklung höherer Bedürfnisse. Überall dort, wo eine Befriedigung dieser Bedürfnisse nicht ausreichend gewährleistet ist, lassen sich – Maslows Erkenntnis zufolge – neben Aggressivität, Mißmut und Mißtrauen deutliche Defizite im Sozialverhalten feststellen. Auch das Moralverhalten zeigt sich häufig eingeschränkt („Erst kommt das Fressen, dann die Moral". B. Brecht).

Sicherheitsbedürfnisse reichen über das bloße Überlebenwollen hinaus. Sie treten erst dann in Erscheinung, wenn die physiologischen Bedürfnisse hinreichend befriedigt sind. Sie setzen das Haben (Besitzen) voraus und knüpfen daran das Sichernwollen. Dieses Verlangen ist in die Zukunft gerichtet. Es erstreckt sich auf physischen Schutz und Geborgenheit, auf ökonomische und ökologische Sicherung (Einkommen, Vermögen, Arbeitsplatz, Umwelt) wie auch auf politische Stabilität. Menschen, deren Sicherheitsbedürfnisse nicht entsprechend abgesättigt werden, wird die Neigung zuerkannt, sich auf das (unbefriedigte) Sicherheitsstreben zu fixieren – sei dies in Familie, Gemeinde oder Staat – und darüber andere Strebungen zu vernachlässigen. Die weitere Persönlichkeitsentwicklung läuft, damit Gefahr, blockiert zu werden.

Soziale Bedürfnisse treten im Zuge der Persönlichkeitsentwicklung erst dann auf, wenn dem Überlebenwollen und dem Verlangen nach Sicherheit einigermaßen entsprochen wurde. Sie umfassen den Wunsch nach sozialer Zugehörigkeit und Liebe, nach Gemeinschaftserleben (Gruppenzugehörigkeit, Geborgenheit) und daraus erwachsender Inanspruchnahme durch andere, nach Zuneigung und „Gebrauchtwerden". Wird dieses Bedürfnis, „zu empfangen und geliebt zu werden"[11], nicht ausreichend befriedigt, so droht die Persönlichkeitsentwicklung auf dieser Stufe unterbrochen zu werden, wobei der Frustierte durch Anpassung und Konformitätsstreben (krampfhaft) versucht, die Zuneigung der anderen zu erheischen. Ansprüche und Verhalten werden dabei auf „das kleinste gemeinsame Vielfache"[12] reduziert.

Die **Bedürfnisse nach gesellschaftlicher Wertschätzung** (gesellschaftlichem Ansehen) und **Selbstachtung** streben über ihre Befriedigung zu innerer Unabhängigkeit und Freiheit. Sie bilden die Basis für die höchste Ebene der

---

[10] Vgl. ebenda S. 10.
[11] Ebenda.
[12] Ebenda S. 11.

Persönlichkeitsentwicklung, die **Selbstverwirklichung**. Mit diesem Begriff wird im Maslowschen Verständnis ein Zustand umschrieben, der durch die Ausbildung der körperlichen und geistigen Möglichkeiten eines Menschen gekennzeichnet ist: „Was ein Mensch sein **kann**, **muß** er sein.... . Selbstverwirklichung... bezieht sich auf das menschliche Verlangen nach Selbsterfüllung, also auf die Tendenz, das zu aktualisieren, was man an Möglichkeiten besitzt."[13]

Wenn auch Maslows Bedürfnisklassifikation ein wertvoller Beitrag zur theoretischen Durchdringung des menschlichen Handelns darstellt, so kann sie immer nur als ein (vorläufiges) Ergebnis einer einschlägigen Befassung verstanden werden, das einer entsprechenden Kommentierung bedarf und dem auch Bedenken und Einwendungen entgegenstehen.[14] So gilt es zunächst festzustellen, daß das Klassifikationsschema selbst keinesfalls eine vollständige Aufzählung aller (Grund-)Bedürfnisse beinhaltet, soneren immer nur eine Gruppierung derselben anstrebt und somit ein hochdifferenziertes Spektrum von Einzelbedürfnissen unter Oberbegriffen zusammenfaßt. Inwieweit es allerdings gelingt, den vollständigen Differenzierungsgrad von Grundbedürfnissen sichtbar zu machen, sei dahingestellt.

Gewichtiger als die Frage nach der Aussagefähigkeit der für die hochdifferenzierten Bedürfniskomplexe gewählten Sammelbezeichnungen (Oberbegriffe) scheint uns in Anlehnung an Hondrich das Problem, das sich durch die Koppelung der Maslowschen Klassifikation mit einem hierarchischen Stufenmodell ergibt. Die daraus sich ergebende Unterscheidung zwischen „niederen" (physiologischen) und „höheren", der Persönlichkeitsentfaltung dienenden Grundbedürfnisse, die ihrerseits in ihrem Auftreten einander nachgeordnet sind, läßt sich von der Beobachtung leiten, daß Kinder zuerst nach Nahrung, dann nach Sicherheit und Liebe und später erst nach sozialer Achtung und Selbstverwirklichung verlangen. Es bleibt zu fragen, ob eine solche Stufung auch dann noch angenommen werden darf, wenn sich im ontogenetischen und phylogenetischen Prozeß die Grundstrukturen der Bedürfnisse herauskristallisiert haben. Für Hondrich scheint die Antwort hierauf eindeutig: „...solange... die Grundbedürfnisse ausgebildet und im Grunde befriedigt sind, solange verschiebt sich ihre relative Wichtigkeit nicht mehr nach der Logik von Entwicklungsstufen sondern nach Grenznutzenprozessen..."[15].

Bedürfnisse als Mangelempfindungen stehen in ihrer großen Mehrheit keineswegs fest. Als Ausfluß menschlicher Vorstellungskraft und Phantasie in den jeweiligen Lebenssituationen sind sie gleichsam unbegrenzt.

---

[13] Maslow, A.H., Motivation und Persönlichkeit, a.a.O., S.74.
[14] Vgl. hierzu Hondrich, K.O., Bedürfnisse, Ansprüche und Werte im sozialen Wandel, a.a.O., S.61ff.
[15] Ebenda, S.63.

Zu (2) Die Knappheit der Güter zwingt den Menschen zu wirtschaftlichem Handeln

Aus der Unbegrenztheit der menschlichen Bedürfnisse und der Begrenztheit der zu ihrer Befriedigung geeigneten Güter respektive der zu deren Beschaffung (Kauf) notwendigen (Finanzierungs-) Mittel ergibt sich für den Bedürfnisträger Mensch die Notwendigkeit zu wirtschaftlichem Handeln, das heißt zu Anstrengungen, diese Diskrepanz zwischen unbegrenzten Bedürfnissen und knappen Mitteln zu mildern. Wirtschaftliches Handeln, das heißt wirtschaften, ist damit seinem Wesen nach auf Ausgleich gerichtet.[16] Bei diesen Ausgleichsbemühungen wird nun aber nicht die denkbar beste Lösung angestrebt, sondern die bestmögliche. Wirtschaften wird damit zur Kunst des Möglichen.

Die bestmögliche Lösung des aufgezeigten Diskrepanzproblems folgt dem aus dem Rationalprinzip abgeleiteten **ökonomischen Prinzip**, das sich in zwei Handlungsmaximen ausdrücken läßt:
– als **Minimierungsaufgabe:** Ein angestrebter Erfolg soll mit einem Minimum an Aufwand (Mitteln) erreicht werden;
– als **Maximierungsaufgabe:** Mit gegebenen Mitteln soll ein maximaler Erfolg erreicht werden.

Unter der altenativen Beachtung der aufgezeigten Handlungsmaximen wird Wirtschaften zu rationalem Handeln.

Es gilt jedoch zu beachten, daß die strikte Einhaltung des ökonomischen Prinzips im wirtschaftlichen Alltag keineswegs immer unterstellt werden kann. So finden sich bei den Handelnden (Wirtschaftssubjekten) einerseits häufig nicht rationalisierte traditionelle, habitualisierte oder aber auch spontane, ja selbst irrationale Verhaltensweisen. Andererseits ist zu sehen, daß die Handelnden in ihrer Zielverfolgung durch Unkenntnis bedeutsamer Größen oder Unsicherheit über die möglichen Lösungswege beeinträchtigt sind. Subjektiv als sinnvoll empfundene Wahlakte erweisen sich demzufolge objektiv – unter Einbezug der nicht erfaßten (weil nicht verfügbar oder in ihrer Beschaffung zu teuer!) Daten – als falsch oder weniger günstig. So ist davon auszugehen, daß alle Wahlakte die Gefahr einschließen, nicht die bestmögliche Mittelverwendung zu realisieren.

Zu (3) Wirtschaftliches Handeln ist konfliktgeprägt

Die Vielfalt der bei den zu wirtschaftlichem Handeln gezwungenen Menschen um Berücksichtigung konkurrierenden eigenen und fremden Bedürfnisse versetzt diese (fast) ständig in **Konflikte**, das heißt in Situationen, die durch das Vorhandensein mehrerer (zumindest theoretischer) Handlungsalternativen gekennzeichnet sind. (Dabei kann Handlung auch in einem Un-

---

[16] Vgl. Bülow, F., Volkswirtschaftslehre, Eine Einführung in Wirtschafts- und sozialwissenschaftliches Denken, Berlin-Frankfurt a.M. 1957, S.149ff.

terlassen bestehen!) Diese Konfliktsituationen sind kennzeichnend für wirtschaftliches Handeln; sie müssen von den Wirtschaftssubjekten bewältigt, das heißt einer Lösung zugeführt werden.

Zu (4) Wirtschaftliches Handeln ist entscheidungsbestimmt

Um sich aus der für das Umfeld wirtschaftlichen Handelns so typischen Konfliktsituation zu lösen und nicht in passiver Unentschlossenheit zwischen den verschiedenen Handlungsalternativen zu verharren, muß sich der Wirtschaftende **entscheiden**. Um aber (rationale) Entscheidungen treffen zu können, ist das Wirtschaftssubjekt gezwungen zu **planen**. „Zu allen Zeiten und überall vollzieht sich das menschliche Wirtschaften in Aufstellung und Durchführung von Wirtschaftsplänen. Auf Plänen beruht also alles wirtschaftliche Handeln".[17] Planen bedeutet nun aber keineswegs immer eine schriftliche Fixierung der bevorzugten Vorgehensweise, sondern kann in gleich- und ähnlich bleibenden Situationen auch in einem gewohnheitsmäßigen Verhalten seinen Niederschlag finden, das heißt habitualisiert werden. – Planen macht es erforderlich, daß die verschiedenen Handlungsmöglichkeiten bei gegebenen Zielsetzungen auf ihre zu erwartenden Konsequenzen geprüft, somit abgewägt, ausgewählt und verworfen werden. Dabei wird bei rationalem Verhalten[18] der Wirtschaftssubjekte diejenige Alternative gewählt werden, die unter der präferierten Zielprämisse am günstigsten erscheint. Mit dieser Handlungsfixierung ist die Entscheidungsfindung abgeschlossen und die eigentliche wirtschaftliche Aktion vollziehbar gemacht.

Zu (5) Wirtschaftliches Handeln ist risikobehaftet

Die dem wirtschaftlichen Handeln vorausgehenden Entscheidungen der Wirtschaftssubjekte basieren auf ganz bestimmten Erwartungen derselben, die sich auf **Informationen** über entscheidungsrelevante Daten und Handlungsfolgen gründen. Da nun aber die Komplexität der wirtschaftlichen Wirklichkeit in der Regel keine vollständige Erfassung der für den Entscheidungsprozeß relevanten Gegebenheiten zuläßt und sich außerdem jede Entscheidung erst im Zeitverlauf auswirkt oder überhaupt auf zukünftige Situationen erstreckt, kann der Entscheidungsträger häufig die Konsequenzen seiner Handlung(en) im Zeitpunkt der Entscheidung nicht vollständig erfassen, zumal seine Entscheidungen wiederum Reaktionen bei anderen Wirtschaftssubjekten auslösen können, die er nicht oder nur unvollkommen antizipieren und in seinen Plänen berücksichtigen kann. Die Entscheidungsbildung der Wirtschaftenden kommt somit in der Regel bei **Unsicherheit** zu-

---

[17] Eucken, W., Die Grundlagen der Nationalökonomie, 8. Aufl., Berlin-Heidelberg-New York 1965, S. 78.

[18] Wirtschaftliches Verhalten ist wesentlich rational bestimmt. Dies schließt allerdings nicht aus, daß – wie oben dargelegt – auch irrationale Verhaltensweisen in diesem ihren Niederschlag finden.

stande. Diese Entscheidungsunsicherheit wird umso größer, je geringer der Informationsgrad ist. Mit der Unsicherheit der Entscheidung wächst aber das **Risiko**[19] des sich auf die Entscheidung gründenden wirtschaftlichen Handelns.

Zu (6) Wirtschaftliches Handeln ist nutzen – respektive gewinnorientiert

Wie wir bereits zur 4. Kategorie darlegten, wird sich das rational verhaltende Wirtschaftssubjekt für diejenige Handlungsalternative entscheiden, die ihm unter der gewählten Zielprämisse am günstigsten erscheint. Wirtschaftlich ausgedrückt heißt dies: das Wirtschaftssubjekt wird sich für die Aktion entscheiden, die ihm den optimalen Mitteleinsatz und damit den größten Nutzen (aus der Sicht des privaten Haushalts) respektive den höchsten Gewinn (aus der Sicht des Unternehmers) verspricht. – Mit dieser Feststellung wird die **Nutzen-respektive Gewinnmaximierung** als das Normprinzip wirtschaftlichen Handelns ausgewiesen. (Ein recht nüchternes Ergebnis, dessen Klarheit man nicht dadurch trüben sollte, daß man ihm ethische [das sind in der Regel soziale] Forderungen zu Seite stellt, die das **ökonomische** Streben des Menschen niemals impliziert.[20] [21] Wirtschaftliches Handeln erfährt damit seine konsequente Ausprägung nach dem ökonomischen Prinzip, das sich, wie unter (2) dargelegt, in zwei Handlungsmaximen – als Minimierungs- oder Maximierungsaufgabe – ausdrücken läßt.

Die Tatsache, daß es dem wirtschaftlich Handelnden zuweilen nicht gelingt, sich tatsächlich als Nutzen – respektive Gewinnmaximierer zu verhalten – sei dies dadurch bedingt, daß arationale Handlungsmuster unreflektiert übernommen werden oder arationale spontane Reaktionen nicht rationalisiert werden – kann die Erkenntnis vom ökonomischen Selbstin-

---

[19] Auf diese Risikobehaftetheit wirtschaftlichen insbesondere unternehmerischen Handelns wies bereits Mitte des 18. Jahrhunderts der Londoner Bankier und Nationalökonom Richard Cantillon in seinem Werk Essai sur la nature du commerce général, London 1755, hin; Deutsche Übersetzung von Friedrich August von Hayek (Hrsg.), Abhandlung über die Natur des Handelns im allgemeinen, Jena 1931, 1. Teil, 13. Kapitel.

[20] „Nicht vom Wohlwollen des Metzgers, Brauers und Bäckers erwarten wir das, was wir zum Essen brauchen, sondern davon, daß sie ihre eigenen Interesses wahrnehmen." Smith, A., An Inquiry into the Nature and Causes of the Wealth of Nations (1776); deutsche Übersetzung: Leipzig 1924, S. 24.

[21] Trotz dieser Tatsache, daß die Nutzen – respektive Gewinnorientierung das Normprinzip wirtschaftlichen Handelns ist, kann insbesondere dem gewinnorientierten Handeln nicht ernsthaft der Vorwurf gemacht werden, es mißachte das Wohl der anderen. Das Gewinnmotiv zwingt nämlich den Wirtschaftenden, die Bedürfnisse der Allgemeinheit zu erforschen und zu berücksichtigen. So kommt es, daß unsere Wirtschaft realiter stärker am Gemeinwohl interessiert ist, als nach den Motiven der einzelnen Wirtschaftssubjekte zu erwarten wäre. Ein Gedanke den als erster Bernard Mandeville in seinem Werk: The Table of the Bees or Private Vices, London 1740, faßte. Vgl. hierzu außerdem die Ausführungen unter II, 2, (9), (b).

teresse[22] nicht einschränken; denn das Nutzen – respektive Gewinnstreben des Menschen kann immer nur als gemeine menschliche Absicht, als Initiativprinzip verstanden werden, dessen strikter Verwirklichung im Einzelfall subjektive (z. B. mangelnde Rationalität) wie auch objektive (z. B. unzureichende Informationen) Hindernisse entgegenstehen.

Zu (7) Wirtschaftliches Handeln impliziert Arbeitsteilung

Die Maximierung des Nutzens respektive des Gewinnes erfordert neben der Optimierung des Sachmitteleinsatzes die Optimierung des Wirkungsgrades der in den wirtschaftlichen Handlungsprozeß eingehenden menschlichen Arbeit. Wichtigstes Mittel zur Steigerung der Arbeitseffizienz ist die **Arbeitsteilung** (Spezialisierung)[23], das die wirtschaftliche Entwicklung bestimmende Prinzip[24], auf betrieblicher (Haushalt, Unternehmen), überbetrieblicher, nationaler, internationaler und globaler Ebene.

Zu (8) Wirtschaftliches Handeln schafft Interdependenz

Die Arbeitsteilung zwingt die in sie eingebundenen Wirtschaftssubjekte in wechselseitige Abhängigkeit, sie integriert diese in ein komplexes Geflecht wirtschaftlicher **Interdependenz** und löst damit einen Prozeß der Vernetzung mit einer (vorläufig) nicht endenden Dynamik aus.[25]

Zu (9) Wirtschaftliches Handeln bedarf der Koordination

Die aus der Arbeitsteilung resultierende Interdependenz des Wirtschaftsprozesses erfordert eine wechselseitige Interessenabstimmung zwischen den Anbietern einerseits und den Anbietern und Nachfragern andererseits. Die Arbeitsteilung verlangt somit eine auf Interessenausgleich gerichtete Koordination der in ihr vernetzten Wirtschaftssubjekte.

---

[22] Als Selbstinteresse soll die durch die Ratio gefilterte Eigenliebe verstanden werden, die – wie allgemein bekannt – in ihrem Übermaß zum Egoismus degenerieren kann. Um dieser Degeneration zu begegnen bedarf es nach Auffassung der liberalen Klassiker bestimmter kontrollierender Kräfte respektive Regeln, die – im Menschen angelegt oder sein Verhalten von außen regulierend – dessen ethische Handlungsrechtfertigung erbringen: (α) Das menschliche Mitgefühl; (ß) durch Sitten und Gebräuche vorgegebene, vom Menschen akzeptierte Verhaltensmuster; (γ) ein rechtlicher Ordnungsrahmen, dessen Respektierung vom Staat erzwungen wird; (δ) Wettbewerb. – Selbstinteressengeleitetes Wirtschaften im Sinne der Klassiker, ist demnach niemals als freibeuterisches Handeln zu verstehen, sondern von jeher als ein über das Mitgefühl hinaus der Moral und dem Gesetz verpflichtetes, der Konkurrenz ausgesetztes Agieren.

[23] Die Arbeitsteilung begegnet uns in drei Erscheinungsformen: in der Produktionsteilung, in der Berufsspaltung und in der Arbeitszerlegung.

[24] Diese Bedeutung der Arbeitsteilung wurde schon am Ausgang des 18. Jahrhunderts von Adam Smith erkannt und am Beispiel der Stecknadelfabrikation ins ökonomische Blickfeld gerückt.

[25] Vgl. hierzu Herder-Dorneich, P., Vernetzte Strukturen: das Denken in Ordnungen, Baden-Baden 1992, insbesondere S. 75.

Es lassen sich zwei Formen der Koordination arbeitsteiliger Wirtschaftsprozesse unterscheiden: Märkte und Bürokratien. Außerhalb dieser Organisationsformen herrscht das Chaos.[26]

Da sich – wie uns die Erfahrung hinreichend lehrte – Bürokratien in hohem Maße als ineffizient erweisen, verbleibt als einziges wirksames Koordinationsinstrument arbeitsteiliger Wirtschaftsprozesse der **Markt**.

Zur Erkenntnis, daß wirtschaftliches Handeln, der Koordination durch den Markt bedarf, lassen sich **drei Subkategorien** ausmachen:

(a) Markt bedeutet Wettbewerb,
(b) Wettbewerb dient dem Gemeinwohl und
(c) Wettbewerb wird durch das menschliche Machtstreben ständig bedroht.

Zu (a) Markt bedeutet Wettbewerb

Der Markt als der Ort des Aufeinandertreffens von Angebot und Nachfrage koordiniert über die Signale des Preismechanismus die Handlungen der Marktteilnehmer, der Anbieter und Nachfrager.

Der Markt ist als eine „spontane Ordnung" (F.A. v. Hayek) zu verstehen; das heißt er ist das Ergebnis menschlichen Handelns, nicht aber die Ausführung eines menschlichen Entwurfs.

Markt bedeutet Wettbewerb, das heißt Konkurrieren der **Anbieter**/Nachfrager um die Gunst der **Nachfrager**/Anbieter. Das Funktionieren dieses Wettbewerbs ist an ganz bestimmte Voraussetzungen geknüpft: (α) Der Marktzutritt wie auch der Marktaustritt dürfen für niemanden behindert oder erschwert werden. Für jeden, der danach trachtet, muß es prinzipiell möglich sein, die gewünschten Güter (Produktionsmittel oder Konsumgüter) zu erwerben und die eigenen Produktionsfaktoren (Arbeit, Sach- und Finanzkapital wie auch Know-how) anzubieten. Konsumentensouveränität und Gewerbefreiheit sind unverzichtbar. (ß) Externe Kosten und Erträge müssen internalisiert werden. (Diese Forderung ist sicherlich nicht leicht zu erfüllen, da die Feststellung von externen Kosten mit beträchtlichen Schwierigkeiten verbunden ist und die Zurechnung dieser Kosten kaum ohne Zwangsmaßnahmen zu erreichen ist.) – Zur Gewährleistung / Sicherung dieser Voraussetzungen bedarf es eines starken (Minimal-)Staates.

Wettbewerb ist ein dynamischer Prozeß. Als solcher ist er eine fortlaufende Herausforderung an das Leistungsvermögen, an die Kreativität und an die Auseinandersetzungsbereitschaft der Konkurrenten. Wettbewerb offenbart sich in dieser Ausleuchtung nicht nur als ein Entdeckungsbestreben sondern auch als ein Durchsetzungsbestreben.

---

[26] Vgl. hierzu Engels, W., Mehr Markt. Soziale Marktwirtschaft als politische Ökonomie, Stuttgart 1976, S. 10.

Der Erfolg beziehungsweise der Mißerfolg bei diesem Unterfangen wird vom Markt durch Gewinn belohnt respektive durch Verlust bestraft.

Zu (b) Wettbewerb dient dem Gemeinwohl

Das Selbstinteresse, das den Unternehmer nach Gewinnmaximierung streben läßt, wird durch den Wettbewerb des Unternehmers mit anderen Konkurrenten um die Gunst der Kunden neutralisiert und kehrt sich zu deren Nutzen. Das Selbstinteresse läßt die Unternehmer (Anbieter) untereinander um die Zuneigung der Kunden (Nachfrager) wetteifern und damit gleichzeitig sich gegenseitig in der Befriedigung deren Bedürfnisse übertreffen. Dabei wird/werden der/die Unternehmer Erfolg und damit den angestrebten Gewinn realisieren, der/die mit seinen/ihren Angeboten den Vorstellungen der Kunden am ehesten entspricht/entsprechen. Der von ihm/ihnen realisierte **Gewinn** wird damit zum **Indikator für eine soziale Funktion.**[27] Dieser als Prämie für besondere Zufriedenstellung von Nachfragern zu verstehende „Lohn" (sogenannter Pioniergewinn) kann nun aber von den in der wettbewerblichen Auseinandersetzung die Konkurrenz (zunächst) hinter sich lassenden Unternehmern keineswegs als dauerhaft gesicherte Einkommensquelle betrachtet werden. Denn, die Konkurrenz schläft nicht! Im Gegenteil, der (relativ) hohe Pioniergewinn lockt und veranlaßt diese, ihr Angebot dem (noch) präferierten Pionierprodukt anzugleichen oder dieses sogar zu übertreffen. Diese Entwicklung läßt in aller Regel den Preis des Pionierproduktes sinken; der Pioniergewinn wird quasi sozialisiert. – Diese Gefahr, daß er von seinen Konkurrenten (durch Nutzbarmachung des technischen Fortschritts und dadurch ermöglichten Kosten- und Preissenkungen und/oder Qualitätsverbesserungen) eingeholt oder sogar überholt und damit Kunden verlieren wird, ist dem Pionier hinlänglich bekannt. Er wird deshalb seinerseits versuchen, durch entsprechende Produktverbesserungen seinen Vorsprung möglichst zu halten oder gar auszubauen, zumindest aber nicht überholt zu werden. – Der Wettbewerb unterwirft auf diese Art die gesamte Unternehmerschaft einem fortwährenden (Bewährungs-)Druck[28], die knappen Produktionsfaktoren möglichst rationell einzusetzen, um dadurch die Kosten und in ihrem Gefolge die Preise der Produkte möglichst niedrig zu halten und dadurch attraktiv für die Nachfrager zu sein/werden. Über Wettbewerbsdruck und flexible Preise wird so das Selbstinteresse dem Gemeinwohl dienstbar gemacht.[29] Oder anders ausgedrückt: „aus mittelmäßigen Motiven ergeben sich", unter dem Druck des Wettbewerbs in Verbindung mit flexiblen Prei-

---

[27] Vgl. Molitor, B., Die Moral der Wirtschaftsordnung, Köln 1980, S. 18.

[28] „Die Konkurrenz mit ihren vielfältigen Formen ist eine laufende Herausforderung an menschliche Leistungsfähigkeit, Phantasie, Intelligenz, Intuition, Einfühlung, Weitblick und Denken in Alternativen." Walter, N., Ethik + Effizienz = Marktwirtschaft, in: Baader, R., (Hrsg.), Wider die Wohlfahrtsdiktatur, Gräfeling 1995, S. 80.

[29] Die Konkurrenz vermag „den Wildbach des Privatinteresses zu bändigen und in eine wohltätige Kraft zu verwandeln". Röpke, W., Die Lehre von der Wirtschaft, 9. Aufl., Erlenbach-Zürich, 1961, S. 302.

sen, „hervorragende Taten, so als sei der Mensch von Natur aus schon edel, hilfreich und gut"[30].

Zu (c) Der Wettbewerb wird durch das menschliche Machtstreben ständig bedroht

Der Wettbewerb, in den der wirtschaftende Mensch gestellt ist, ist diesem von Natur aus zuwider. „Ein tiefer Trieb zur Beseitigung von Konkurrenz und zur Erwerbung von Monopolstellungen ist überall und zu allen Zeiten lebendig."[31] So kann es nicht verwundern, wenn Anbieter und Nachfrager – wo immer es möglich ist – die Auseinandersetzung mit Wettbewerbern zu vermeiden und Machtpositionen zu erwerben oder zu behaupten versuchen und damit die Chance suchen, eigene Interessen auch gegen den Willen betroffener Personen (z.B. Konsumenten) durchzusetzen. Diesem urmenschlichen Trachten gilt es durch ordnungspolitische Sicherung des Wettbewerbs zu begegnen. Der Wettbewerb als „das großartigste und genialste Entmachtungsinstrument der Geschichte" (Franz Böhm) muß gesichert werden.

Zu (10) Wirtschaftliches Handeln führt zu Ungleichheit

Wirtschaften als nutzen – respektive gewinnmaximierendes Verhalten ist immer als ein individueller Aktionsprozeß zu verstehen, dessen Effizienz typischerweise durch die Leistungen des Wirtschaftenden bestimmt wird. – Solche individuellen und damit per se ungleichen Leistungen führen zwangsläufig zu ungleichen Handlungsergebnissen und damit zu ökonomischer **Ungleichheit** schlechthin. Mit anderen Worten: Überdurchschnittliche wirtschaftliche Leistungen bedingen überdurchschnittliche (Markt-)Einkommen und führen darüber zu überdurchschnittlichen Vermögen; und vice versa führen unterdurchschnittliche Leistungen zu unterdurchschnittlichen Einkommen/Vermögen.

Zu (11) Ungleichheit induziert Leistungsstreben, Fortschritt und Wohlstand

Die zwangsläufige wirtschaftliche Ungleichheit ist nun aber nicht als eine beklagenswerte Fehlleistung des Marktes zu sehen, sondern als eine höchst erfreuliche, ja notwendige Konsequenz. Es sind nämlich gerade die Unterschiede in der Entlohnung/im Einkommen, die die Menschen dorthin locken, wo sie – in der Einschätzung des Marktes – am meisten leisten und damit verdienen können. Und so war und ist es in der ökonomischen Entwicklung die Ungleichheit, die den Menschen – nicht selten durch Neid[32] stimuliert – veranlaßte und noch immer veranlaßt, sich anzustrengen und es anderen, die mehr verdienen, gleichzutun und damit mit seinem Einkommen näher an diese heranzukommen oder gar mit ihnen gleichzuziehen. Ungleichheit wird

---

[30] Giersch, H., Zur Ethik der Wirtschaftsfreiheit, Schriftenreihe der Bank Hofmann AG, Zürich, o.O. 1986, S.9.

[31] Eucken, W., Grundsätze der Wirtschaftspolitik, Bern-Tübingen 1952, S.31.

[32] Siehe hierzu das höchst aufschlußreiche Werk von Schoeck, H., Der Neid und die Gesellschaft, Frankfurt a.M. – Berlin 1987. Die Schürung von (Sozial-)Neid ist heutzutage ein

so zur Triebfeder für **Leistungsstreben** und induziert über dieses **Fortschritt** und **Wohlstand**.

Eine Konterkarierung dieser Ungleichheit im Wege einer staatlichen **Umverteilung** schwächt beziehungsweise lähmt nicht nur diesen produktiven Anreiz, sondern unterdrückt gleichzeitig eine Ausweitung der volkswirtschaftlichen Produktivität und damit auch einen Anstieg des Gesamteinkommens, sprich: des Wohlstandes. Eine Einebnung (Egalisierung) der ökonomischen Ungleichheit durch Umverteilung muß somit volkswirtschaftlich als **kontraproduktiv** eingestuft werden.

Umverteilung auf nationaler wie internationaler Ebene ist Ausfluß der heute in weiten Kreisen bejahten Idee **sozialer Gerechtigkeit**. Das Schlagwort „soziale Gerechtigkeit", hinter dem sich häufig nichts anderes als Neid gegenüber dem Wohlstand bestimmter Bevölkerungsgruppen (z. B. gegenüber „Besserverdienenden", „Vermögenden", Nichtverheirateten, Kinderlosen u. a.) versteckt, wird heute weitverbreitet als Vorwand zur Verfolgung von Partikularinteressen verwendet. Eine solche soziale Gerechtigkeit, die nicht nach der Leistung sondern nach der Bedürftigkeit frägt, ist jedoch einer marktwirtschaftlichen Ordnung fremd, da diese nur die **Leistungsgerechtigkeit** kennt. Darüber, was in der Leistungsabgeltung gerecht ist, entscheidet in ihr allein der Markt. Gerechtigkeit im marktwirtschaftlichen Sinn ist eine evolutionär entwickelte individualethische Norm, keine sozialethische (F.A. v. Hayek).

Zu (12) Wohlstand fundiert Freiheit und Macht

Ökonomischer Wohlstand, so vor allem hohes Einkommen und Vermögen, eröffnet seinem Träger Verfügungsmöglichkeiten über wirtschaftliche Güter; er befreit ihn damit – in mehr oder weniger großem Umfang – aus dem Unvermögen, begehrte Güter zu erwerben. Mit anderen Worten: Wohlstand schafft innerhalb gewisser Grenzen **materielle** (persönliche) **Freiheit**. – Ausser dieser Freiheit im materiellen Bereich öffnet entsprechender Wohlstand seinem Träger aber auch das Tor aus der sozialen Unselbständigkeit (Abhängigkeit) in die soziale Selbständigkeit (Unabhängigkeit) und somit in die **soziale Freiheit**. – Geld ist die gemünzte Freiheit des einzelnen! – Um diese Freiheit nutzen zu können, ist es allerdings unverzichtbar, daß sich der einzelne der Angst entledigt, die ihn häufig an der Wahrnehmung seiner Freiheit hindert.[33]

---

beliebtes Mittel der Linksparteien, um sich die Aufmerksamkeit beziehungsweise die Zuwendungen von sogenannten „Wenigerbegünstigten" zu erschleichen. Außerdem: Schumpeter, J. A., Tagebuch (1945), zitiert bei Swedberg, R.: Joseph A. Schumpeter, Eine Biographie, Stuttgart 1994, Anhang I (Aphorismen), S. 275: „Gleichheit ist das Ideal der geistig Minderbemittelten; aber selbst die geistig Minderbemittelten wollen eigentlich keine Gleichheit, sondern einfach nur, daß niemand besser ist als sie selbst."

[33] So auch der Bundespräsident Roman Herzog in seinere „Berliner Rede" zur Bildung für das 21. Jahrhundert am 5. November 1997: „Hören wir endlich auf, Angst vor der Freiheit zu haben, die wir uns selber geben können." Das Parlament, Nr. 47 vom 14. November 1997, S. 14.

Darüber hinaus bietet Wohlstand die Basis für den Erwerb von **Macht** (positionen) und damit die Möglichkeit der Einflußnahme auf Umstände und Personen. (Siehe hierzu auch die Ausführungen unter II., 2., (9), (c)).

Zu (13) Jeder ist sein eigener Unternehmer

Mit der weithin üblichen Einteilung der Erwerbstätigen in Unternehmer und Nichtunternehmer wird der trügerischen Auffassung Vorschub geleistet, daß sich die ersteren auf sich und ihr Glück gestellt (also selbständig) mit den Mitbewerbern am Markt auseinandersetzen und um die Gunst der Nachfrager bemühen müssen, während die letzteren durch die Eingehung eines Arbeitsverhältnisses (also unselbständig) einer solchen wettbewerblichen Auseinandersetzung und damit einer Rücksichtsnahme auf die Erfordernisse des Marktes (weitgehend) enthoben seien. Diese Auffassung ist nicht nur falsch, sie kann auch äußerst verhängnisvoll werden. – Wie nämlich der **Selbständige** mit seinem Wissen und Können (Humankapital) sein **Produktivkapital** möglichst effizient einsetzen muß, um die daraus erwachsenden Erzeugnisse am Markt möglichst gewinnträchtig durch- und absetzen zu können, ist auch der **Unselbständige** (Arbeitnehmer) gezwungen, sein **Humankapital** (das sind seine Bildung u. Ausbildung, seine Fähigkeiten und Fertigkeiten) möglichst wirkungsvoll zu vermarkten, um ein möglichst hohes Einkommen zu erzielen. Wie sich der Selbständige Produktivkapital aufbauen muß, um entsprechende Erzeugnisse herstellen und anbieten zu können, muß sich der Unselbständige Humankapital aneignen, um entsprechende (Arbeits-)Leistungen offerieren zu können. Beide, der Selbständige wie der Unselbständige, können ihre Erzeugnisse/Leistungen nur in dem Umfang vermarkten, wie diese der effektiven Nachfrage entsprechen und sich gegen ihre Konkurrenz und deren Erzeugnisse/Leistungen durchzusetzen vermögen. Diese Durchsetzung nicht zu erwirken, ist beider **Risiko**. Es charakterisiert beide als Unternehmer. Der Selbständige ist Unternehmer hinsichtlich der von ihm angebotenen Produkte/Dienstleistungen, der Unselbständige ist Unternehmer hinsichtlich der von ihm angebotenen Arbeit.[34]

Für beide Wirtschaftssubjekte, für den Unselbständigen ebenso wie für den Selbständigen, impliziert die Übernahme der Unternehmerfunktion die Inkaufnahme des Unternehmerrisikos, das heißt der Gefahr des Mißlingens wie der Chance des Gelingens. Mißerfolg und Erfolg sind die beiden Seiten des Risikos. Sie rühren beide aus der Unsicherheit der Zukunft.

Das Arbeitsangebot, das der Unselbständige zu erbringen vermag, ist einerseits durch seine angeborenen Eigenschaften, andererseits durch seine angeeigneten Kenntnisse, Fähigkeiten und Fertigkeiten determiniert. Mit seinen angeborenen Eigenschaften muß er sich abfinden. Sie sind das mehr oder weniger attraktive Geschenk seiner Ahnen, das er hegen und pflegen,

---

[34] Vgl. hierzu und zum folgenden Mises, L.v., Nationalökonomie, Theorie des Handelns und Wirtschaftens, (Genf 1940), München 1980, S. 563 ff.

über die durch dieses gezogenen natürlichen Grenzen er sich aber nicht hinwegsetzen kann. „Er kann mehr oder weniger Geschick bezeigen in dem Bestreben, seine Leistungsfähigkeit zu verwenden und zu verkaufen, daß er für sie den höchsten Preis herausschlägt, der auf dem Markt augenblicklich zu erzielen ist; doch er kann seine Natur nicht ändern, um sie dem Markt anzupassen. Es ist sein Glück, wenn die Marktverhältnisse so liegen, daß eine Art von Arbeit, die er zu leisten versteht, hoch belohnt wird; *nicht seiner Geschicklichkeit, dem Schicksal hat er es zu verdanken, wenn Arbeit, die er zu leisten vermag, gut bezahlt wird.*"[35] (Hervorhebung durch den Verf.)

Was nun dem einzelnen hinsichtlich seiner angeborenen Eigenschaften an positiver Einflußnahme verbleibt, ist, diese durch Schulung und Übung für besondere Fähigkeiten auszubilden. Schulung und Bildung erfordern Zeit, Überwindung von Unlust und möglicherweise finanzielle Aufwendungen. Soweit persönliche finanzielle Aufwendungen erforderlich werden, sind diese als *unternehmerische Investitionen in das Humankapital* zu verstehen.[36] Die Erwartungen, die diesen Investitionen zugrunde liegen, sind, einen entsprechenden Markterfolg zu realisieren. Ob sich der Markterfolg tatsächlich einstellen wird und sich damit außer der aufgewendeten Zeit und der ertragenen Mühen die getroffenen finanziellen Bildungsinvestitionen auszahlen werden, „ist wie bei jeder anderen Spekulation von der künftigen Gestaltung des Marktes abhängig"[37]. – Auch in Bezug auf Investitionen in das Humankapital (Bildungsinvestitionen) trägt somit der Arbeitnehmer (Unselbständige) ein echtes Unternehmerrisiko, das Erfolg und Mißerfolg in das Belieben des Marktes stellt. Dieses Risiko ist in einer Marktwirtschaft immer ein persönliches Risiko, dessen der einzelne nicht ohne negative Rückwirkungen auf den Arbeitsmarkt enthoben werden kann.

Um die Chance des Erfolges wie auch die Gefahr des Mißerfolges möglichst groß respektive klein zu halten, sollte sich der Anbieter von Arbeit (der Arbeitnehmer) den Wünschen des Marktes möglichst flexibel anpassen. Eine solche Flexibilität ist nicht nur in Bezug auf die Qualifikation des Arbeitnehmers gefordert; sie betrifft vielmehr alle nachfragerelevanten Angebotsaspekte von Arbeit, so insbesondere auch die regionale Mobilität, die zeitliche Variabilität und die preisliche Kompromißbereitschaft (Lohnflexibilität). Eine Einschränkung dieser Flexibilität durch kollektivistische Vereinbarungen (so insbesondere durch Tarifverträge) und Gesetze behindert den Marktausgleich und führt zu Arbeitslosigkeit.

Wird nun eine solche Arbeitslosigkeit durch soziale Sicherungssysteme ihrer Flexibilität erzwingenden Kraft beraubt oder dieser doch zumindest

---

[35] Ebenda S. 563.
[36] Die wohlfahrtsstaatliche „Besorgtheit" respektive Entmündigung der Bürger hat diese primär persönlichen Aufwendungen weitgehend sozialisiert und damit die Ausbildung zum Nulltarif geschaffen.
[37] Ebenda S. 564.

teilweise enthoben[38] (dadurch, daß Arbeitslosigkeit für nicht wenige gar nicht so unattraktiv ist!), werden folgenschwere Beharrungs- und Verstärkungskräfte der Arbeitslosigkeit mobilisiert. –

Die Konsequenz aus dieser Erkenntnis muß lauten: Rückführung des einzelnen Arbeitnehmers aus der kollektivistischen Umsorgung und Entmündigung in die **persönliche**, risikobehaftete, Marktanpassung stimulierende **Verantwortung**. Der einzelne muß (wieder) zur Einstellung gelangen, daß er selbst – nicht das Kollektiv, der Staat, – für sein wirtschaftliches Geschick verantwortlich ist.

Zu (14) Wirtschaftliches Handeln vollzieht sich in Kreislaufprozessen

Die Vielfalt der menschlichen Bedürfnisse und deren periodische Wiederkehr erfordern eine permanente Produktion von Gütern.[39] Gleichzeitig sind die Hersteller von Wirtschaftsgütern selbst bestrebt, durch die Produktion vor allem neuartiger Erzeugnisse neue und zusätzliche Bedürfnisse bei den Konsumenten zu wecken und diese zur Nachfrage zu veranlassen.

Es bestehen somit gewisse Wechselwirkungen zwischen Bedürfnis und Produktion, die jedoch in unserer arbeitsteiligen Wirtschaft so komplex sind, daß sie nicht annähernd überschaut werden können.

Um nun dieses Beziehungsgefüge wirtschaftlicher Wirklichkeit transparenter zu machen, müssen wir uns auf das Elementare des wirtschaftlichen Ablaufprozesses konzentrieren. Dabei stellt sich uns dieser als ein Kreislauf dar.

So vollzieht sich die menschliche Bedürfnisbefriedigung als das wirtschaftliche Handeln schlechthin in einem sich ständig erneuernden Kreislauf (siehe Abb. 3).

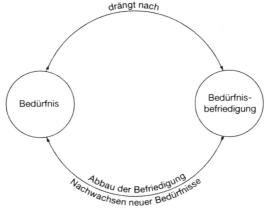

Abb. 3

---

[38] „Die sozialen Sicherungssysteme, allen voran die Sozialhilfe, behindern wie eine Sperrklinke die erforderliche größere Differenzierung der Löhne", Soltwedel, R., Die Marktwirtschaft muß neue Kräft schöpfen, in: Frankfurter Allgemeine Zeitung v. 8. März 1997, Nr. 57, S. 15.

[39] Direkt erfordern die menschlichen Bedürfnisse zwar nur die Produktion von Konsumgütern, indirekt jedoch erfordern sie auch die Herstellung von Investitionsgütern und zwar zur Einrichtung, zum Ersatz, zur Erweiterung und zur Verbesserung der Produktionsanlagen.

Denn, die menschlichen Bedürfnisse drängen nach Befriedigung, um danach entweder als Mangelempfinden zu verschwinden (so z. B. bei langlebigen Gebrauchsgütern) und damit dem Nachwachsen neuer Bedürfnisse Raum zu geben oder aber durch sukzessiven Abbau der Befriedigung sich zunehmend neu zu manifestieren (so z. B. im Bereich der Ernährung).

Als Träger von Bedürfnissen ist nun der Mensch in der Regel gezwungen, sich durch den Verkauf/Einsatz seiner Arbeitskraft (und/oder anderen Faktorleistungen) die (finanziellen) Mittel zu beschaffen, die er zum Kauf der Güter benötigt, die ihm einerseits die Regeneration der im Arbeitsprozeß verbrauchten Energien und darüber die Aufrechterhaltung seiner Arbeitskraft als wirtschaftliche Grundlage seiner Existenzsicherung gewährleisten und andererseits eine Erweiterung seiner Lebensfreude ermöglichen (siehe Abb. 4).

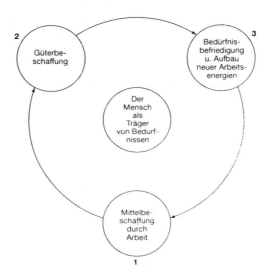

Abb.4

Diesen Kreislaufprozeß können wir als typisch und elementar für den privaten Haushalt erkennen.

Ähnlich läßt sich das betriebliche Geschehen elementarisieren. Mit – je nach Unternehmensrechtsform – einzeln oder gemeinschaftlich aufgebrachten (Finanzierungs-)Mitteln beschafft sich der Unternehmer die zur Leistungserstellung erforderlichen Produktionsfaktoren, die nach ihrer Transformation in die gewünschten Produkte zum Zwecke der Gewinnerzielung am Markt angeboten und verkauft werden. Der als Überschuß angestrebte Gewinn wird für den Fall seiner Realisation zur Grundlage der weiteren Produktion und induziert damit jeweils quasi eine neue Produktionsrunde im Kreislauf (siehe Abb. 5).

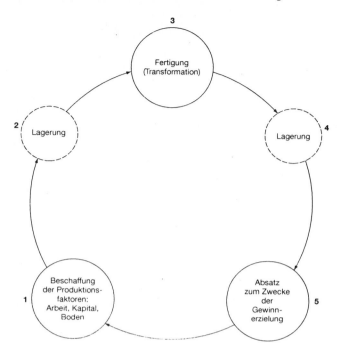

Abb.5

Unter Abstraktion von der betrieblichen Transformationsphase und den beiden für Sachgüter möglichen Lagerphasen kann der aufgezeigte betriebliche Kreislaufprozeß sogar auf die Beziehung Geld – Ware – Geld verkürzt werden (siehe Abb. 6).

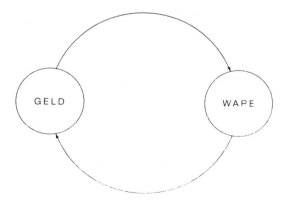

Abb.6

Auch die gesamtwirtschaftlichen Wechselbeziehungen lassen sich elementarisieren und auf einen Kreislaufprozeß reduzieren. Diese Darstellung macht
es dann erforderlich, daß die am Wirtschaftsprozeß beteiligten Wirtschaftssubjekte – die (privaten) Haushalte und Unternehmen, der Staat, die Banken und das Ausland – je nach dem Grad der Vereinfachung, als mehr oder
weniger viele *Pole* erscheinen, von denen mindestens ein Güter- oder Geldstrom wegführt und zu denen mindestens ein solcher hinfließt und damit alle
Pole direkt oder indirekt miteinander verbindet.

Eine derartig vereinfachende Darstellung zirkulatorischer wirtschaftlicher
Abläufe erlaubt uns, diejenigen Zusammenhänge einsichtig zu machen, die
zwischen einzelnen für den Ablauf wirtschaftlichen Geschehens maßgeblichen Handlungs- und diesen vorgelagerten Entscheidungsprozessen bestehen. Solche Entscheidungen erstrecken sich hauptsächlich auf: Konsum,
Sparen, Investition, Güterproduktion, Steuern und Staatsausgaben, In- und
Exporte.

Modell 1: Der volkswirtschaftliche Kreislauf

Die gedankliche Zusammenfassung aller produzierenden Wirtschaftseinheiten einer Volkswirtschaft zu einem Sektor „Unternehmen" (U) und aller
konsumierenden Wirtschaftssubjekte zu einem Sektor „Haushalte" (H) ermöglicht uns, die zwischen diesen beiden Sektoren bestehenden güter- und
leistungsmäßigen Beziehungen in einem einfachen Kreislaufschema zu veranschaulichen (siehe Abb. 7).

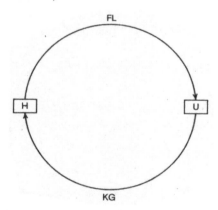

Abb.7   U =Unternehmen; H = Haushalte; FL = Faktorleistungen; KG = Konsumgüter

So fließt nämlich ein fortwährender Strom von Faktorleistungen (FL) von
den privaten Haushalten zu den Unternehmen, die diese Faktorleistungen
einerseits zur Herstellung der von ihnen benötigten Investitionsgüter (IG)
und andererseits zur Erzeugung der den privaten Haushalten im Ausgleich
zu den erbrachten Leistungen zu liefernden Konsumgüter (KG) verwenden.

Modell 2: Der volkswirtschaftliche Güter- und Geldkreislauf

Beziehen wir in unsere Betrachtung mit ein, daß die privaten Haushalte als Entgelt für die erbrachten Faktorleistungen von den Unternehmen Einkommen (FE) beziehen und sie dieses Einkommen über den Kauf von Konsumgütern (KG) den Unternehmen wieder zuleiten*, so erweitert sich unser Kreislaufschema um einen Geldstrom mit seinen Teilabschnitten „Einkommensentstehung " und „Einkommensverwendung" (siehe Abb. 8).

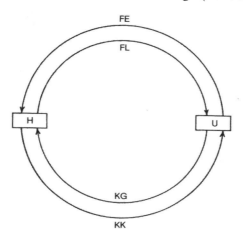

Abb. 8 H = Haushalte; U = Unternehmen; FE = Einkommen durch Faktorleistungen; FL = Faktorleistungen; KG = Konsumgüter; KK = Kauf von Konsumgütern
* Hier wird vereinfachend unterstellt, daß die Haushalte ihr gesamtes Einkommen in den Konsum fließen lassen.

Modell 3: Der Staat im Wirtschaftskreislauf

Erweitern wir die Datstellung dieser zirkulären gesamtwirtschaftlichen Wechselbeziehungen um die Aktivitäten des Staates (ST)(siehe Abb. 9), so gilt es einerseits die Mittelabflüsse des Staates für Transferzahlungen (TZ), für die von den privaten Haushalten erbrachten Faktorleistungen (FE) und für die von den Unternehmen gelieferten Güter (GK) zu erfassen, andererseits die Mittelzuflüsse des Staates von den Haushalten und Unternehmen aus der Erhebung der Steuern.

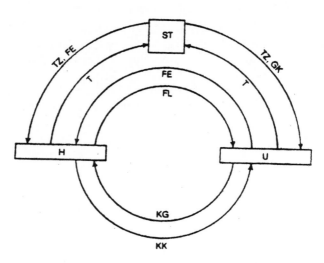

Abb. 9 H = Haushalt; U = Unternehmen; ST = Staat; FE = Einkommen für Faktorleistungen; FL = Faktorleistungen; KG = Konsumgüter; KK = Kauf von Konsumgütern; TZ = Transferzahlungen; GK = Zahlungen für Güterkäufe; T = Steuern

Modell 4: Staat und Bankensystem im Wirtschaftskreislauf

Das für die privaten Haushalte charakteristische Verhalten, einen Teil ihres Einkommens nicht in den Konsum einzuschießen, sondern als Spareinlagen dem Bankensystem zuzuleiten (S), läßt sich in seinem gesamtwirtschaftlichen Wirkungszusammenhang ebenfalls im Kreislauf elementarisieren (siehe Abb. 10).

Die im Wege des freiwilligen Konsumverzichts der privaten Haushalte den Banken zur Verfügung gestellten Mittel (Spareinlagen) können von diesen den Unternehmen zur Investitionsfinanzierung kreditiert werden und gewinnen damit Einfluß auf die Produktion und über diese mittelbar auf Einkommensentstehung und Einkommensverwendung und so fort.

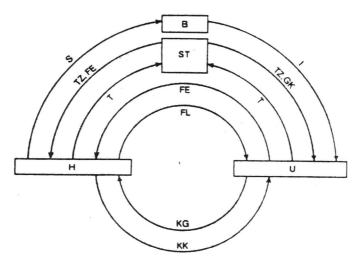

Abb. 10 H = Haushalte; U = Unternehmen; ST = Staat; B = Banken; FE = Einkommen für Faktorleistungen; FL = Faktorleistungen; KG = Konsumgüter; KK = Kauf von Konsumgütern; TZ = Transferzahlungen; GK = Zahlungen für Güterkäufe; T = Steuern; S = Spareinlagen; I = Investition.

Modell 5: Staat, Bankensystem und Ausland im Wirtschaftskreislauf

Schließlich läßt sich die kreislaufmäßige Betrachtung des gesamtwirtschaftlichen Aktionsprozesses durch Einbezug der unternehmerwirtschaftlichen Auslandbeziehungen – Importe (IM) und Exporte (EX) – und deren zahlungsmäßige Abwicklung (Z) über das Bankensystem ergänzen (siehe Abb. 11).

Aus den vorausgegangenen Darlegungen darf nun aber keinesfalls geschlossen werden, daß irgendwo in der wirtschaftlichen Wirklichkeit ein konkreter Kreislauf existiere, den es realiter offenzulegen gälte. Bei den wirtschaftlichen Kreislaufbildern handelt es sich immer nur um abstrakte Schemata, die als Vehikel benutzt werden, um gewisse Phänomene der wirtschaftlichen Wirklichkeit (leichter) einsichtig zu machen.[40]

Es ist deshalb bei der Suche nach empirischen Entsprechungen von Kreislaufströmen – oder bei der Konzeption von Kreislaufbildern überhaupt – zu bedenken, „daß viele realökonomische Strömungserscheinungen keinen zirkulären Charakter haben, wie andererseits Kreislaufströme in plausibel interpretierbaren Kreislaufschemata zuweilen keine realökonomische Entsprechung aufweisen"[41].

---

[40] Die Verwendung von Kreislaufbildern zur Veranschaulichung bestimmter wirtschaftlicher Zusammenhänge ist so alt wie die ökonomisch-theoretische Reflexion überhaupt. Nicht erst Quesnay griff diese Fiktion vom Wirtschaftskreislauf auf, sondern bereits lange vor ihm die Vorsokratiker.

[41] Reichart, H., Kreislaufaspekte der Ökonomik, Tübingen 1967, S. 3.

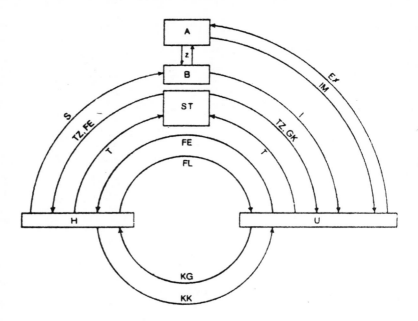

Abb. 11   H = Haushalt; U = Unternehmen; ST = Staat; B = Banken; A = Ausland; FE = Einkommen für Faktorleistungen; FL = Faktorleistungen; KG = Konsumgüter; KK = Kauf von Konsumgütern; TZ = Transferzahlungen; GK = Zahlungen für Güterkäufe; T = Steuern; S = Spareinlagen; I = Investition; Z = Zahlungsverkehr; IM = Import; EX = Export

3. Zur didaktischen Anwendung wirtschaftswissenschaftlicher Kategorien

Die Umsetzung von Stoffkategorien in Bildungskategorien vollzieht sich – wie bereits angedeutet – in der Weise, daß die gewonnenen Grundeinsichten mit den Schülern an immer neuen Unterrichtsstoffen erarbeitet, bestätigt und somit als für das wirtschaftliche Geschehen typisch erkannt werden. Es erweist sich als zweckmäßig, die einschlägigen Unterrichtsbeispiele möglichst aus der Erfahrungswelt der Schüler zu wählen. Diese Erfahrungswelt läßt sich in ihrer zeitlichen Progression von der Kindheit in das Jugendalter hinein grob in drei Bereiche einteilen: privater Haushalt / Konsumbereich, Betrieb-Unternehmen / Produktions-, Dienstleistungs-, Berufs-, Arbeitsbereich sowie Gesellschaft, Staat, Gesamtwirtschaft / gesellschaftlicher, staatlicher, gesamtwirtschaftlicher Bereich. Diese Bereiche umfangen den Schüler im Zeitverlauf gleich konzentrischen Kreisen (siehe Abb. 12), fordern ihn ein und markieren damit quasi seine zunehmende ökonomische **Betroffenheit**. Diese Betroffenheit gilt es über die Schuljahre, das heißt in ihrem spezifischen Zeitverlauf, pädagogisch und didaktisch geschickt zu nutzen.

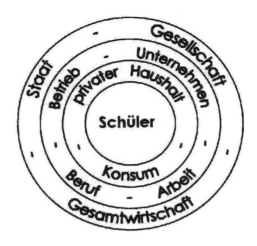

Abb. 12

Ein solchermaßen gesicherter Bestand an ökonomischen Grundeinsichten soll dem Schüler schließlich das Verstehen anderer, ähnlicher Sachverhalte ermöglichen.

Mit den nachfolgenden Ausführungen sollen nun solche unterrichtlichen Stoffbezüge angesprochen werden, die geeignet sind, den Transfer von Stoffkategorien vorzunehmen, das heißt auf der Basis der allgemeinen Erkenntnisse (Grundeinsichten) diesen unterliegende Sonderfälle aufzudecken.

Zu (1) Menschliches Handeln ist bedürfnisgetrieben

Was der Mensch auch immer tut, es entspringt einem Bedürfnis respektive einer Bedürfnislage. – Diese Bedürfnisgetriebenheit menschlichen Handelns soll den Schülern an alltäglichen Verhaltensweisen einsichtig gemacht werden. Hierbei empfiehlt sich – gemäß der allgemeinen didaktischen Leitmaxime „vom Einfachen zum Schwierigen" eine Graduierung der Beispiele nach der Maslowschen Bedürfnispyramide.

Konsumbereich
Der Kauf von Lebensmitteln, Kleidung, Gebrauchsgegenständen (Wohnungseinrichtung, Auto u.a.), Ferienreisen, Freizeit- und Unterhaltungsangeboten (Sportartikel, Literatur, Schallplatten, Kino, Theater, Show-Veranstaltungen u.a.), die Miete/der Kauf einer Wohnung/eines Hauses etc. entspringen neben elementaren physiologischen Bedürfnissen solchen zivilisatorischer und kultureller Prägung wie auch sozialen Bedürfnissen, Bedürfnissen nach gesellschaftlicher Wertschätzung und Selbstverwirklichung.

Berufs- und Arbeitsbereich
Die Erlernung eines Berufes, die Ausübung einer (selbständigen/unselbständigen) Tätigkeit, die Absolvierung einer Fortbildung, Weiterbildung, Um-

schulung, die Anstrebung eines beruflichen Aufstiegs und ähnliche Aktivitäten beziehen ihren Anstoß aus Bedürfnissen, so aus Sicherheitsbedürfnissen, Bedürfnissen nach gesellschaftlicher Wertschätzung, Bedürfnissen nach Selbstachtung wie auch nach Selbstverwirklichung. Auch Akte wie die Übernahme von Überstunden (z. B. Bedürfnis nach zusätzlichem Einkommen) oder der Eintritt in den vorzeitigen Ruhestand (Bedürfnis nach „Zeit für andere Dinge") sind bedürfnisgetragen.

Gesellschaftlicher, staatlicher, politischer Bereich
Der Beitritt zu einem Verein/zu einer politischen Partei/zu einer Gewerkschaft/zu einem Arbeitgeberverband, die Übernahme von (Ehren-)Ämtern in derlei Organisationen (z. B. als Vereinsfunktionär, Betriebsratsmitglied, Ausschußmitglied) sind ebenfalls als Reaktionen auf Bedürfnisse zu verstehen, so auf soziale Bedürfnisse, Sicherheitsbedürfnisse, Bedürfnisse nach gesellschaftlicher Wertschätzung, Bedürfnisse nach Selbstverwirklichung, Bedürfnis nach Macht.

Zu (2) Die Knappheit der Güter zwingt den Menschen zu wirtschaftlichem Handeln

Das menschliche Bestreben, Mangelsituationen durch wirtschaftliches Handeln zu überwinden, kann von den Schülern hauptsächlich in drei Situationsfeldern erfahren werden: im privaten Haushalt, im Unternehmen und auf staatlicher Ebene.

Privater Haushalt
Im Bereich der privaten Haushalte gilt es zu erkennen und an konkreten Situationen zu verifizieren, daß das verfügbare, knappe Haushaltseinkommen planmäßig eingeteilt werden muß, um damit die jeweils vordringlichsten Bedürfnisse der Haushaltsmitglieder befriedigen zu können. „Haushalten" wird demnach als der Versuch verstanden, knappe Mittel optimal zu verwenden.

Unternehmen
Im Bereich der Unternehmen ist auf dem Hintergrund von Betriebserkundungen und eventuellen Betriebspraktika zu erfahren, daß die Produktionsmittel unter dem jeweils angestrebten Produktionsziel einander so zugeordnet werden müssen, daß Disproportionalitäten möglichst vermieden werden. – So müssen beispielsweise unausgenutzte Kapazitäten durch Ausdehnung der Produktion ausgelastet oder aber als unproduktive Kosten abgebaut werden.

Staat
Im Bereich der staatlichen Wirtschaftsführung, wo die Gebietskörperschaften öffentliche Güter bereitstellen, zu deren Finanzierung die privaten Wirtschaftseinheiten im Wege der Steuererhebung herangezogen werden, gilt es dem Schüler anhand von seinem Erfahrungsbereich entnommenen Beispielen einsichtig zu machen, daß hier Mangelsituationen durch staatlichen

Zwang überwunden werden (sollen), indem nämlich durch Erhebung von Abgaben, die kollektive Willensbildung auf die Verteilung der knappen Mittel Einfluß nimmt.

Zu (3) Wirtschaftliches Handeln ist konfliktgeprägt

Die Tatsache, daß wirtschaftliches Handeln Konfliktcharakter trägt, soll der Schüler als das Normale erfahren. – Er soll deshalb befähigt werden, die aus unterschiedlichen Bedürfnissen/Interessen resultierenden wirtschaftlichen Konflikte zu erkennen, zu analysieren und im Hinblick auf eigenes wirtschaftliches Handeln als kalkulierte Zwangsläufigkeiten zu antizipieren, um sie so zu gegebener Zeit in eigener Betroffenheit leichter bewältigen zu können.

Unterrichtlicher Ausgangspunkt in diesem Bereich bildungskategorialen Bemühens wäre die Aufzeigung des wirtschaftlichen **Grundkonflikts** zwischen unbegrenzten Bedürfnissen und begrenzten Ressourcen. Aus dieser ökonomischen Divergenz läßt sich eine Vielzahl von Folgekonflikten ableiten, die unter den Lernzielsetzungen der ökonomischen Bildung hauptsächlich in folgenden drei Bereichen (**Konfliktfeldern**) interessieren:

Konsumbereich
Konflikte zwischen den verschiedenen individuellen Bedürfnissen, zwischen Gegenwarts- und Zukunftsbedürfnissen, zwischen den Bedürfnissen verschiedener Familienmitglieder oder verschiedener Mitglieder einer Personenvereinigung (z. B. einer Klasse, eines Vereines), zwischen Konsumenten- und Produzenteninteressen und andere.

Berufs- und Arbeitsbereich
Konflikte zwischen verschiedenen Berufswünschen, zwischen verschiedenen beruflichen Ansprüchen (z. B. zwischen gesellschaftlichem Ansehen und Einkommen, zwischen Freizeit und Einkommen, zwischen beruflicher Karriere und Freizeit respektive Familie), zwischen verschiedenen Berufsgruppeninteressen, zwischen Arbeitnehmer- und Arbeitgeberinteressen und andere.

Gesellschaftlicher, staatlicher, politischer Bereich
Konflikte zwischen verschiedenen gesellschaftlichen, staatlichen und politischen Interessen, zwischen privaten und staatlichen Interessen, zwischen Gruppen-/Parteieninteressen und staatlichen Interessen, zwischen Interessen von Körperschaften des öffentlichen Rechts (Bund, Länder und Gemeinden), zwischen Interessen verschiedener Staaten beziehungsweise Staatengruppen und andere.

Zu (4) Wirtschaftliches Handeln ist entscheidungsbestimmt

Über die Feststellung, daß der wirtschaftende Mensch ständig in Interessenkonflikte gerät, soll bei den Schülern die Einsicht erwirkt werden, daß solche Konfliktsituationen nach Lösungen verlangen, die ihrerseits entsprechende Entscheidungen voraussetzen. Der wirtschaftende Mensch muß somit als ein sich ständig neu entscheidendes Wesen erkannt werden.

Da nun aber Wirtschaftssubjekte wirtschaftliche Entscheidungen über die Aufstellung von Wirtschaftsplänen vollziehen, muß diese von den Schülern zu gewinnende Einsicht auch die der Notwendigkeit des **planmäßigen** Vorgehens einschließen. – Die Entscheidungseinheiten sind somit als Planträger zu erkennen, die auf Grund eigener Einsicht das wirtschaftliche Geschehen festlegen und ihr Verhalten für zukünftige Perioden bestimmen.

Aus diesem Erkenntnisprozeß soll nun bei den Schülern die Bereitschaft erwachsen, Entscheidungshilfen für die auf sie als Entscheidungssubjekte in der Wirtschafts- und Arbeitswelt zukommenden Konflikte anzunehmen.

Solche Entscheidungshilfen können sich im Hinblick auf die Betroffenheit des Schülers als Konsument, Auszubildender, Besucher einer weiterführenden Schule, als zukünftiger Arbeitnehmer/Unternehmer und als Wirtschaftsbürger schlechthin in einer unterrichtlichen Antizipation von Entscheidungssituationen auf folgende Entscheidungsfelder konzentrieren: Privater Haushalt, Unternehmen, staatlicher und gesamtwirtschaftlicher Bereich:

Privater Haushalt
Wirtschaften als planmäßiges Handeln, als haushälterisches Disponieren, kann hier dem Schüler am **Haushaltsplan** einsichtig gemacht werden. Dieser soll dabei nicht immer und zwangsläufig als schriftliche Fixierung verstanden werden; entscheidend ist vielmehr, daß das Gewollte, die geplante Aktion, in rationeller Weise vollziehbar gemacht wird.

Als bedeutsame Entscheidungssituationen im Bereich des privaten Haushalts wären zu berücksichtigen:

– *Konsumwahl:* Für sie werden Entscheidungshilfen hauptsächlich durch entsprechende sachliche, verbraucherkundliche Informationen und durch eine zu erwirkende vernünftige Konsumeinstellung gegeben.
– *Schul-/Berufswahl:* Die individuelle Schul- und/oder Berufswahlentscheidung soll hier begünstigt werden durch Einsichtigmachung der persönlichen Voraussetzungen, Offenlegung der die Entscheidung prägenden gesellschaftlichen Faktoren (Familien- und Schichtengebundenheit der Schul-/Berufswahl) sowie durch Berücksichtigung der Ausbildungs- und Beschäftigungschancen. Die der Berufswahl nachgeordnete Betriebs- und gegebenenfalls Arbeitsplatzwahl kann durch entsprechende – über Betriebserkundungen und Betriebspraktika wie auch mit Einschränkung über audio-visuelle Medien zu erreichende – Einblicke in die betriebliche Praxis erleichtert werden.
– *Freizeitwahl*: Die alternativen Verwendungsmöglichkeiten von Freizeit erfordern Entscheidungen über die Verwendung respektive Nutzung dieses knappen „Gutes". Durch die Einrichtung von Experimentierfeldern, die Be-

reitstellung von Aufgaben und Verfügungsmitteln, die Erarbeitung von Verhaltensmustern und Orientierungsübungen sowie durch Förderung von Spezialinteressen und die Einübung kritischer Haltung können hier den Schülern wertvolle Entscheidungshilfen geliefert werden.

Unternehmen
Im unterrichtlichen Vorgriff auf seine spätere Berufs- und Arbeitswelt soll der Schüler – durch in Betriebserkundungen und Betriebspraktika gewonnene Einsichten untermauert – das Unternehmen als ein für unsere marktwirtschaftliche Ordnung typisches und elementares, dezentrales Entscheidungsfeld kennenlernen, in dem die Teilprozese in entsprechenden Plänen (Beschaffungs-, Produktions- und Absatzplänen) vorbereitet und vom Management einer Entscheidung zugeführt werden.

Dieser Aktionsbereich betrieblichen Geschehens ist auch von den Schülern als der zu erkennen, in dem die Entscheidungen in die Unternehmenskompetenz fallen. Für diesen Bereich kann und will die (allgemeine) ökonomische Bildung keine Entscheidungshilfen anbieten. In diese Richtung zielende Absichten wären einer speziellen ökonomischen (Aus-) Bildung zuzuweisen. Entscheidungshilfen erscheinen deshalb nur für solche Entscheidungssituationen sinnvoll, in die die Schüler als zukünftige Arbeitnehmer mutmaßlich geraten können, so insbesondere im mitbestimmten Bereich. Entscheidungshilfen für diesen Bereich sollten sich an den für die jeweilige Entscheidung relevanten betriebswirtschaftlichen, sozialen und gegebenenfalls volkswirtschaftlichen Einsichten orientieren.

Staatlicher und gesamtwirtschaftlicher Bereich
Auch im Bereich **staatlicher** Wirtschaftsaktivität sollte den Schülern der dem Handeln vorausgehende Entscheidungsprozeß einsichtig gemacht werden. Dies ließe sich recht anschaulich erreichen durch die Anhörung von Haushaltsdebatten und die Analyse von Haushaltsplänen auf kommunaler Ebene wie auch auf Länder- und Bundesebene. Auch hier gilt es zu erkennen, daß sich die Entscheidungskompetenz auf einige wenige beschränkt, die allerdings im Gegensatz zum Unternehmen, im Wege einer demokratischen Delegation in diese Entscheidungsposition rücken. In diesem Zusammenhang ist die Einsicht wichtig, daß jeder Bürger über sein demokratisches Wahlverhalten sich indirekt an der Entscheidung der gewählten Entscheidungsträger beteiligt.

Entscheidungshilfen für (spätere) Entscheidungssituationen im staatlichen Bereich sind somit als Wahlentscheidungshilfen aufzufassen. Solche Wahlentscheidungshilfen wären in der Offenlegung und kritischen Analyse der insbesondere wirtschafts-, finanz- und sozialpolitischen Zielsetzungen der kandidierenden Parteien zu sehen.

Ähnlich wie dargelegt verhält es sich im **überbetrieblichen** Verbandssektor (Gewerkschaften / Arbeitgeberverbände), wo Arbeitnehmer und Unternehmer durch ihren Beitritt in einen bestimmten Verband dessen Politik unterstützen. – Auch hier können Entscheidungshilfen – für einen Nichtbeitritt,

Beitritt oder Austritt und damit für eine Ablehnung oder Unterstützung einer bestimmten Verbandspolitik – durch Offenlegung und kritische Würdigung der jeweiligen verbandspolitischen Ziele, Instrumente und Strategien offengelegt werden.

Mit der Bereitstellung von Entscheidungshilfen geht es letztlich darum, den Schülern möglichst weitreichend die Konsequenzen der auf bestimmten (simulierten) Entscheidungen beruhenden Handlungen bewußt zu machen und sie darüber ihrerseits zu sachfundierten Urteilen und Entscheidungen und damit zu Verantwortungsbewußtsein und Selbständigkeit zu führen.

Als bedeutsame Lernmethode zur Entwicklung von Entscheidungsfähigkeit und zum Einüben von Entscheidungen sind die Fallstudie, das Planspiel und das Rollenspiel (siehe dazu unter V.2.) zu sehen. Auf diese schüleraktiven Unterrichtsverfahren sollte die ökonomische Bildung in diesem Zusammenhang auf keinen Fall verzichten.

Zu (5) Wirtschaftliches Handeln ist risikobehaftet

Daß nun das Bestreben der Entscheidungsträger, die Konsequenzen ihrer Handlungen zu antizipieren und damit zu kalkulieren dort versagen muß, wo die notwendigen Informationen über gegenwärtige oder zukünftige Tatsachen fehlen, gilt es den Schülern an wechselnden (möglichst aktuellen) einzelwirtschaftlichen wie auch gesamtwirtschaftlichen Situationen aufzuzeigen. Neben der mehr allgemeinen Feststellung, daß die durch Umwelt (Natur) und Mitwelt (Entscheidungen der anderen Wirtschaftssubjekte) bedingte wirtschaftliche Realität so komplex ist, daß die Wirtschaftssubjekte ihre Entscheidungen meist unter Unsicherheit und damit risikobehaftet fällen, gilt es für die Schüler zu erkennen, daß häufig weniger die Unzulänglichkeit der Entscheidungsträger selbst, als vielmehr die Unvollständigkeit der erfaßbaren Informationen[42] und die nicht vorwegnehmbaren Zukunftsereignisse für Abweichungen zwischen Ziel und Ergebnis wirtschaftlichen Handelns verantwortlich sind.

Als Beispiele zur Herausarbeitung der aufgezeigten didaktischen Grundeinsicht ließen sich in den Bereichen private Haushalte, Unternehmen und Staat unter anderen folgende Situationen heranziehen:

Privater Haushalt
Einkauf von lagerfähigen Konsumgütern (z. B. Lebensmittel, Heizöl) in Erwartung (Befürchtung) einer Preiserhöhung; Abschluß von Sach- und Personenversicherungen in Befürchtung von einschlägigen Schadensfällen; Kauf von Wertpapieren in Erwartung steigender Kurse; Verkauf von Wertpapie-

---

[42] Die Herabsetzung des Entscheidungsrisikos durch Beschaffung zusätzlichen Informationen erscheint ökonomisch nur dann sinnvoll, wenn der dadurch zu erwartende zusätzliche Nutzen respektive Gewinn größer ist, als die durch die zusätzliche Informationsbeschaffung verursachten Kosten.

ren in Erwartung fallender Kurse; Kauf eines Hauses/einer Eigentumswohnung in der Absicht diese(s) gut zu vermieten; Ergreifung eines bestimmten Berufes in der Erwartung, daß dieser in der Zukunft gefragt sein wird.

Unternehmen
Produktion von bestimmten Gütern in Erwartung einer entsprechenden Nachfrage; Veranlassung von Werbemaßnahmen in Erwartung, zusätzliche Nachfrage zu mobilisieren; Kauf von Rohstoffen auf Vorrat in Erwartung steigender Rohstoffpreise; Kauf von Bauland in Erwartung steigender Baulandpreise; Einkauf von Strand- und Badeartikeln in der Hoffnung auf einen schönen Sommer und entsprechende Nachfrage.

Staat
Senkung der Einkommen- und Körperschaftsteuer in Erwartung einer entsprechenden Nachfragezunahme; Gewährung von Investitionszulagen in Erwartung einer verstärkten Investitionstätigkeit; Senkung des Diskont- und Lombardsatzes in Erwartung einer verstärkten Kreditnachfrage und Investitionstätigkeit; Steuerliche Belastung des Güterverkehrs auf Straßen in Erwartung seiner teilweisen Abwanderung auf Schienen- und Wasserwege; Förderung der beruflichen Umschulung und Weiterbildung zur Vorbeugung gegen Arbeitslosigkeit.

Zu (6) Wirtschaftliches Handeln ist nutzen – respektive gewinnorientiert

Mit der unterrichtlichen Aufdeckung der im Bereich der privaten Haushalte geltenden Nutzenmaximierung sowie der im Unternehmensbereich praktizierten Gewinnmaximierung soll der Schüler erkennen, daß dieses Nutzen – respektive Gewinnstreben einen urmenschlichen Trieb darstellt und somit für den Menschen arttypisch ist und nicht schamhaft kaschiert werden muß. Mit dieser Erkenntnis gilt es auch der ideologischen Auffassung zu begegnen, daß nämlich Nutzen – respektive Gewinnstreben und der daraus resultierende Gewinn insbesondere dessen kapitalmäßige Anhäufung etwas Anrüchiges seien.

Es sollte den Schülern darüber hinaus an zahlreichen, ihnen selbst zugänglichen Beispielen gezeigt werden, daß der Gewinn in der Marktwirtschaft eine unerläßliche Antriebskraft (Motivation) für unternehmerisches Tätigwerden darstellt und damit zur unverzichtbaren Voraussetzung für Beschäftigung und Lohneinkommen wird.

Allgemein zugängliche Situationen zur unterrichtlichen Aufdeckung des nutzen – respektive gewinnorientierten wirtschaftlichen Handelns wären unter anderem in folgenden Bereichen auszumachen:

Privater Haushalt
Nutzenmaximierung bei der Verwendung des Taschengeldes, der Reisekasse, des wöchentlichen oder monatlichen Haushaltsgeldes, des Monatseinkommens, der Weihnachtsgratifikation, eines freigewordenen Sparvertrages, einer Erbschaft; Ergreifung des unter den angegebenen (subjektiven und

objektiven) Möglichkeiten größten (materiellen und immateriellen) Nutzen versprechenden Berufes; Wahl eines unter materiellen und immateriellen Gesichtspunkten maximalen Nutzen stiftenden Arbeitsverhältnisses (z. B. Optimierung des Verhältnisses von Arbeitszufriedenheit, Einkommen und Freizeit); Eingehung einer unter materiellen und immateriellen Gesichtspunkten (mutmaßlich) maximalen Nutzen stiftenden Partnerschaft (Ehe)[43].

Unternehmen
Beschränkung der Produktion auf gewinnbringende Artikel; Bereinigung des Angebots von unrentablen Produkten; Substitution (teurer) menschlicher Arbeitskraft durch kostengünstiger produzierende Maschinen (Rationalisierung); Verlagerung von Produktionsstätten ins (arbeits-)kostengünstigere Ausland, Abstoßung/Schließung unrentabel produziuerender Betriebe; Ausbau/Erweiterung profitabel arbeitender Betriebe.

Einschränkend zur Erfassung des Prinzips der Gewinnmaximierung sollen die Schüler über geeignete Beispiele zur Erkenntnis gelangen, daß seriöse Unternehmen (im Gegensatz zu beispielsweise „fliegenden Händlern" oder „windigen Geschäftemachern", die in der Regel nicht mehr an den Ort ihrer fragwürdigen Praktiken zurückkommen!) im Verkehr mit ihren Kunden **nicht** eine **kurzfristige** Gewinnmaximierung „um jeden Preis", sondern normalerweise eine **langfristige** Gewinnmaximierung (mit zufriedenen Kunden!) anstreben.

Zu (7) Wirtschaftliches Handeln impliziert Arbeitsteilung

Die hauptsächlichen Möglichkeiten der Steigerung der Arbeitseffizienz durch Arbeitsteilung – die Produktionsteilung, die Berufsspaltung und die Arbeitszerlegung – sollten den Schülern an zum Teil selbsterfahrenen Beispielen aus der Wirtschafts- und Arbeitswelt aufgezeigt werden. Aus dieser Feststellung heraus sollte ihnen dann die Erkenntnis erwachsen, daß die produktionstechnische wie auch die berufs- und arbeitsmäßige Entwicklung zwangsläufig zu weiterer Spezialisierung in unserer Wirtschafts- und Arbeitswelt führen, so daß heute noch ausgeübte Berufe oder Tätigkeiten schon in naher Zukunft aufgespaltet oder überholt und zum Teil durch neue ersetzt und ergänzt werden können. Mit dieser Erkenntnis sollte bei den Heranwachsenden die Bereitschaft gefördert werden, sich (rechtzeitig) auf veränderte und neue Nachfrageentwicklungen am Arbeitsmarkt einzustellen und, soweit notwendig, im späteren Arbeitsleben Mobilität und Flexibilität zu praktizieren.

In den verschiedenen wirtschaftlichen Situationsfeldern – privater Haushalt, Unternehmen, Gesamtwirtschaft – könnten folgende Erscheinungsformen der Arbeitsteilung beispielhaft dargestellt werden:

---

[43] Siehe hierzu die neuere, höchst aufschlußreiche Arbeit von Becker, G.S., Familie, Gesellschaft und Politik – die ökonomische Perspektive, Tübingen 1996.

Private Haushalte / Unternehmen
Berufliche Arbeitsteilung

Unternehmen
Innerbetriebliche Arbeitsteilung
Zwischenbetriebliche Arbeitsteilung

Gesamtwirtschaft
Internationale Arbeitsteilung

Zu (8) Wirtschaftliches Handeln schafft Interdependenz

Mit der Darstellung der Arbeitsteilung als Konsequenz wirtschaftlichen Handelns müssen den Schülern auch die aus diesem Organisationsprinzip wirtschaftlicher Prozesse resultierenden ökonomischen Abhängigkeiten deutlich gemacht werden.

Die Schüler sollen diese Interdependenzen als eine unter der Absicht der Gewinnmaximierung notwendige Einschränkung der einzelwirtschaftlichen Unabhängigkeit begreifen und damit als elementare Voraussetzung einer wirtschaftlichen Ordnung erkennen.

Mit dieser Einsicht sollte bei den Schülern selbst die Bereitschaft zur (späteren) Eingehung von wirtschaftlichen Abhängigkeiten geweckt werden (Die Erkenntnis muß Platz greifen, daß man nicht alles allein machen kann und soll!), soweit solche unter Abschätzung immaterieller Nutzenschätzungen und der materiellen Steigerung ihrer Arbeitseffizienz (und damit zwangsläufig ihres Einkommens) sinnvoll erscheinen.

Zu (9) Wirtschaftliches Handeln bedarf der Koordination

Die Erkenntnis, daß in unserer arbeitsteiligen Wirtschaft die Ziele und Handlungen der Wirtschaftssubjekte der Abstimmung bedürfen, und daß diese in der Regel über den Markt erreicht wird, soll den Schülern unter anderem die Bedeutung ihres eigenen Nachfrage- und (späteren) Angebotsverhaltens in diesem gesamtwirtschaftlichen Koordinationsprozeß bewußt werden lassen.

Hieraus sollten dann die Schüler die Bereitschaft entwickeln, sich der aus diesem Koordinationsprozeß resultierenden, in den (Markt-)Preisen zum Ausdruck kommenden Informationen zu bedienen und nach ihnen ihre weiteren wirtschaftlichen Aktionen zu richten, das heißt markgerechtes Verhalten zu praktizieren.

Der Markt (Ladengeschäfte, Märkte, Messen, Börsen etc.) als Koordinationsmechanismus von Angebot und Nachfrage kann den Schülern an folgenden noch zu spezifizierenden Beispielen verdeutlicht werden:

Privater Haushalt
Konsumbereich: Fallende beziehungsweise steigende Preise beantworten die

privaten Haushalte in der Regel mit einer verstärkten beziehungsweise verminderten Nachfrage

Berufs- und Arbeitsbereich: Die großteils statistisch und prognostisch erfaßten und auf örtlicher (Zeitung, örtliches Arbeitsamt), regionaler (Zeitung, Landesarbeitsamt) und nationaler (Zeitung, Bundesanstalt für Arbeit) Marktebene veröffentlichten langfristigen Nachfrageveränderungen der Wirtschaft nach bestimmten Berufen werden von den privaten Haushalten in der Regel mit einer verminderten beziehungsweise verstärkten Hinwendung zu entsprechenden Berufen/Ausbildungsgängen und/oder mit entsprechenden Abwanderungen in Gebiete günstigerer Nachfragelage beantwortet.

Unternehmen

Eine nachlassende beziehungsweise zunehmende Nachfrage der privaten Haushalte nach Konsumgütern veranlaßt die dadurch betroffenen Unternehmen zur Drosselung beziehungsweise Ausweitung ihrer Produktion und/oder Beeinflussung der Nachfrage durch entsprechende Maßnahmen (Preis, Rabatte, Zahlungsbedingungen, Werbung, Qualitätsverbesserung, technische Verbesserungen, Produktmodifikation, verbesserter Service u.a.).

Die **didaktischen Subkategorien** zu der hier kommentierten Kategorie, daß wirtschaftliches Handeln der Koordination durch den Markt bedarf, lassen sich wie folgt illustrieren:

Zu (a) Markt bedeutet Wettbewerb

Die Tatsache, daß sich der Markt über Wettbewerb, das heißt über die Konkurrenz der **Anbieter**/Nachfrager um die Gunst der **Nachfrager**/Anbieter realisiert, kann den Schülern in folgenden Bereichen verdeutlicht werden:

Konsumgütermarkt: Die Anbieter von Sachgütern und Dienstleistungen wetteifern um die Gunst der Nachfrager, das heißt um deren Verlangen nach den von ihnen angebotenen Gütern über Preise, Qualität, technische Verbesserung/Neuerung (technischen Fortschritt), neue Produkte (Innovation), Zahlungsbedingungen (Zahlungsfristen, Skonti, Rabatte, Kreditzinsen), Serviceleistungen (Kundendienst) u.a.m.
Beispiele: Waschmittelmarkt, Automarkt, Textilmarkt (Mode), Kosmetikmarkt, Multimediamarkt, Hobbymarkt, Heimwerkermarkt, Sportartikelmarkt. Hier wie anderswo versuchen die Anbieter sich gegenseitig zu überbieten, etwas ausfindig zu machen und anzubieten, womit sie ihren Konkurrenten überlegen sind. In dieser Ausleuchtung offenbart sich „Wettbewerb als Entdeckungsverfahren" (F.A. v. Hayek).

Investitionsgütermarkt: analog zum Konsumgütermarkt!

Arbeitsmarkt: Die Anbieter von Arbeit versuchen durch den Erwerb entsprechender Qualifikationen (durch Ausbildung, Fortbildung, Weiterbildung, Studium, Aufbaustudium, Abschlüsse [Fachprüfungen, Diplome, Doktorate]) im Wettbewerb mit andern Arbeitsuchenden (Stellenbewerbern) bestimmte Arbeitsverhältnisse zu erlangen. Dabei versucht typischerweise ein jeder, seine Mitbewerber durch besondere Qualifikationen zu übertreffen. (Dieses natürliche Streben kann leicht durch überzogene wohlfahrtsstaatliche Maßnahmen, wie Arbeitslosengeld, Arbeitslosenhilfe, Sozialhilfe u. ä. konterkariert werden!)

In Zeiten von Vollbeschäftigung oder hinsichtlich rarer Fachkräfte konkurrieren die Nachfrager nach Arbeitskräften (Arbeitgeber) ihrerseits untereinander um die knappe Ressource mit attraktiven Arbeitsbdingungen.

Wählerstimmenmarkt: Im Kampf um die Gunst der Wähler (Nachfrager nach staatlichen Leistungen) versuchen die politischen Parteien (potentielle Anbieter staatlicher Leistungen), diese durch populäre Programmaussagen und Versprechungen und, falls sie bereits an der Macht sind, durch entsprechende Wahlgeschenke für sich zu gewinnen beziehungsweise für sich zu erhalten. Der Konkurrenzkampf um die politische Macht wird dabei zunehmend über die Sozialpolitik ausgetragen. Wohlgefällige soziale Vergünstigungen (wie z.B. Kindergeld, Erziehungsgeld, Erziehungsurlaub, Ausbildungsförderung) bilden dabei – pointiert formuliert – das Entgelt für die gewährte Stimme. Das programmatische und strategische Geschick der Parteien beweist sich darin, die erforderlichen (Stimmen-) Mehrheiten zu verlangen.[44]

Zu (b) Wettbewerb dient dem Gemeinwohl

Das Phänomen, wie sich das Selbstinteresse der wirtschaftlich Handelnden über den Wettbewerb dem Gemeinwohl dienstbar macht, kann den Schülern in verschiedenen Situationsfeldern einsichtig gemacht werden.

Konsumgütermarkt: Zunächst könnte (quasi als Gegenbeweis!) über Beispiele fehlender Konkurrenz deutlich gemacht werden, wie aus Gewinninteresse künstlich hochgehaltene Preise die Konsumenten ungerechtfertigt stark belasten und damit das Gemeinwohl beeinträchtigen können: Staatliche Monopole im Energiebereich führen (noch immer) zu überhöhten Energiepreisen (so insbesondere bei Strom und Gas). Beispiele für harten Wettbewerb und damit für streng kalkulierte Preise lassen sich unter anderen mit folgenden Gütern geben: Lebensmittel, Textilien (so insbesondere Jeans, Freizeitmoden), Haushaltsgeräte (so z.B. Waschmaschinen, Spülmaschinen, Kaffeemaschinen, Kühlschränke, Tiefkühltruhen), Sportartikel (Sportschuhe, Skier, Surfbretter, Inline-Skates, Bikes, Tennisschläger u.a.m.), Home-Computer, Videogeräte, Automobile, Fernreisen.

Rohstoffmarkt: Hart kalkulierte Konkurrenzpreise auf den Rohstoffmärkten können von den Käufern von Rohstoffen über die Preise der mit diesen produzierten Konsumgüter an die Konsumenten derselben weitergegeben

---

[44] Siehe hierzu May, H., Wirtschaft und Politik, Zur Interdependenz von wirtschaftlicher und politischer Ordnung, in: ders. (Hrsg.), Handbuch zur ökonomischen Bildung, 3. Aufl., München 1997.

werden. Beispiele: Kaffee→Röstkaffee, Kaffeespezialitäten; Weizen →Mehl, Teigwaren; Obst→Fruchtsäfte, Konfitüren; Holz→Möbel, Papierwaren; Stoffe→Kleider.

Arbeitsmarkt: Konkurrenz unter den Anbietern von Arbeit (Arbeitnehmern) – so insbesondere in Zeiten von Arbeitslosigkeit – bedeutet, daß diese um die freien Arbeitsplätze über ihre Qualifikation, ihre Lohnforderungen, ihre zeitliche Arbeitsbereitschaft sowie über andere Ansprüche und Bedingungen „feilschen" und damit zu Zugeständnissen bereit sind und somit den Nachfragern von Arbeit (Arbeitgebern) entsprechende attraktive (Aus-)Wahlmöglichkeiten bieten. Diese vom Selbstinteresse des Unternehmers geleitete (und somit gewinnorientierte) Auswahl kommt letzlich wieder den Käufern, der vom Unternehmer mit dieser (ausgewählten) Arbeit gefertigten Produkte/erbrachten Dienstleistungen zugute.

Konkurrenz unter den Nachfragern von Arbeit (Arbeitgebern) – so insbesondere in Zeiten von Vollbeschäftigung – führt zu entsprechenden (Aus-)Wahlmöglichkeiten seitens der Anbieter von Arbeit (Arbeitnehmer) und damit potentiell zu besseren Arbeitsbedingungen (Lohn, Arbeitszeit u.a.).

Solange allerdings der Arbeitsmarkt durch Kartellierung der Anbieter (Gewerkschaften) und Nachfrager (Arbeitgeberverbände) und das Instrument des Flächentarifvertrages Wettbewerb nur in höchst eingeschränkten Maße zuläßt, müssen die hier aufgezeigten Konkurrenzeffekte weitgehend entfallen.

Wählerstimmenmarkt: Auch im Kampf um die Wählerstimmen erweist sich Konkurrenz als gemeinwohlförderlich . Je härter die Auseinandersetzung der konkurrierenden Parteien, desto größer der Druck auf diese, attraktive Vorstellungen/Programme zu entwickeln, die die erforderlichen Wählerstimmen bringen. Die Begünstigten dieses Konkurrenzkampfes sind auch hier die Umworbenen, seien dies nun mit besonderer Interessennahme die Arbeitnehmer, die Kinderreichen, der Mittelstand, die Unternehmer oder andere.

Zu (c) Wettbewerb wird durch das menschliche Machtstreben ständig bedroht

Die Omnipräsenz des menschlichen Triebes, Konkurrenz zu beseitigen und Monopolstellungen anzustreben, läßt sich den Schülern in folgenden Situationsfeldern veranschaulichen:

Private Haushalte: Unter den Haushaltsmitgliedern wird – mehr oder weniger stark ausgeprägt – eine ständige Auseinandersetzung um die Entscheidung über die Verwendung der knappen Haushaltsmittel (des Budgets) geführt. Es geht um die Durchsetzung der jeweils eigenen Präferenzen. (Kann sich der Vater, die Mutter, einzelne Kinder oder eine bestimmte Familienmitgliederkoalition hinsichtlich der Durchsetzung seiner/ ihrer Wünsche behaupten?) Überragende Entscheidungspositionen – seien diese durch Furcht, Respekt, Autorität, Liebe, Kompetenz, Rücksichtnahme, Alter oder anderes fundiert – werden in der Regel als angenehm empfunden und deshalb – bewußt oder unbewußt – angestrebt.

In Solidarisierungsaktionen (z. B. Boykottmaßnahmen) versuchen bisweilen private Haushalte/Verbraucherverbände Machtkonzentrationen zu erwirken und damit bestimmte Wünsche/Forderungen durchzusetzen.

Unternehmen: Konkurrenzunternehmen werden nicht selten durch Kampfmaßnahmen in den Konkurs getrieben. Wo dies aus moralischen, gesetzlichen oder aber auch aus ökonomischen oder sonstigen Gründen nicht vertretbar/sinnvoll erscheint, werden sehr häufig (Unternehmens-)Zusammenschlüsse (Kartelle, Konzerne, Fusionen) angestrebt, die den Wettbewerb unter den beteiligten Unternehmen einschränken oder aufheben. Diese Vorgehensweise läßt sich auch auf internationaler Ebene feststellen.

Politik: Auch bei den politischen Parteien läßt sich das Bestreben nachweisen, Mitwerbern um die Gunst der Wähler (Konkurrenzparteien) über programmatische Auseinandersetzungen bis hin zu Diffamierungen zur Aufgabe oder aber auch zum Zusammenschluß zu zwingen. – Zur Erreichung von Regierungsmehrheiten werden häufig Koalitionen gebildet die letzlich – zumindest für die kleineren Partner – die mehr oder weniger begrenzte freiwillige Aufgabe von Konkurrenzverhalten implizieren.

Zu (10) Wirtschaftliches Handeln führt zu Ungleichheit

Die ungleiche Einkommensverteilung und die daraus resultierende ökonomische Ungleichheit schlechthin soll von den Schülern als das für unsere Marktwirtschaft typische Ergebnis der potentiell und tatsächlich ungleichen Leistungsbeiträge der darin handelnden Wirtschaftssubjekte verstanden werden.

Es gilt für die Schüler zu erkennen, daß jeder vom Markt *prinzipiell* nur soviel erhält, als er selbst zum Sozialprodukt beiträgt, daß der Markt die Leistung bewertet und damit die Verteilung bestimmt. Die Bewertung der invididuellen Leistungsbeiträge durch den Markt erfolgt dabei nicht nach der Arbeit, die für ein bestimmtes Produkt/eine bestimmte Leistung aufgewendet wurde,[45] sondern danach, was dieses/diese für **andere** wert ist[46]. Auch aus dem größten Fleiß, der härtesten Arbeit kann kein Anspruch auf ein entsprechendes Einkommen abgeleitet werden, wenn die Nachfrager am Markt das Ergebnis dieser Bemühungen nicht hinreichend schätzen. – Diese Tatsache darf nicht die Forderung nach sozialer Gerechtigkeit provozieren, die von der „unglückseligen Idee" ausgeht, „daß die Entlohnung des einzelnen nicht davon abhängen soll, was er tatsächlich zum Sozialprodukt beiträgt, sondern was er verdient" (F.A. v. Hayek). Soziale Gerechtigkeit in diesem

---

[45] Wie dies von den Klassikern (Adam Smith, David Ricardo) bis zu Karl Marx gesehen wurde (Arbeitswertlehre).

[46] Wie dies die **Nutzentheorie** der Österreichischen Schule herausstellte und damit gleichzeitig die Arbeitswertlehre als Irrlehre widerlegte.

Verständnis könnte es nur in einer Befehlswirtschaft geben, in der sich der Staat anmaßt, die relativen Einkommen der einzelnen Bürger zu bestimmen. In einer marktwirtschaftlichen Ordnung mit freier Berufswahl ist der Beriff „soziale Gerechtigkeit" in diesem Kontext „völlig sinnlos" (ders.).

Zur Erwirkung der aufgezeigten Einsichten könnten unter anderen folgende oder diesen ähnliche Situationen dargestellt werden:

Privater Haushalt
Zwei Brüder, denen vom Elternhaus zwar die gleichen materiellen und bildungsmäßigen Startchancen geboten werden, die aber unterschiedliche geistige und praktische Voraussetzungen sowie einen unterschiedlichen Leistungswillen besitzen, ergreifen denselben Beruf, Großhandelskaufmann. Der eine der Brüder schafft den Aufstieg zum kaufmännischen Direktor in einem Großbetrieb, bezieht ein hohes Einkommen und besitzt bald ein attraktives Einfamilienhaus am Stadtrand. – Der andere Bruder bleibt subalterner Angestellter, bezieht ein bescheidenes Einkommen und wohnt in einer kleinen Mietwohnung.

Herr Krause, 40 Jahre, verheiratet, 2 Kinder, Facharbeiter in einer Gießerei mit netto 3500 DM monatlich, ohne ererbtes oder durch Heirat erworbenes Vermögen, fährt einen Mittelklassewagen und wohnt seit einem Jahr in einem eigenen Einfamilienreihenhaus, das er über einen Bausparvertrag finanziert. – Herr Lehmann, ebenfalls 40 Jahre alt, gleiche Berufs-, Familien-, Einkommens- und Vermögenssituation, fährt ein Leichtmotorrad und wohnt in einer Sozialwohnung seines arbeitgebenden Unternehmens. Ersparnisse sind keine vorhanden, an bauen ist nicht zu denken. Der Arbeitsverdienst ginge nach Aussagen von Herrn Lehmann „immer gerade so auf".

Markus und Tanja, Zwillingsgeschwister einer Arbeitnehmerfamilie, schließen die Realschule mit gutem Erfolg ab. Beide absolvieren eine kaufmännische Ausbildung und machen danach ihr Hobby zum Beruf. Markus wird Profifußballer; Tanja wird über entsprechende Lehrgänge Klavierlehrerin. Beide sind sehr fleißig und engagiert. Nach fünf Jahren hat Markus ein Jahreseinkommen in Millionenhöhe; Tanja muß schauen, daß sie einigermaßen „über die Runden kommt".

Unternehmen
Der Kraftfahrzeugschlosser Bollmann, 25 Jahre, ledig, bereitet sich in Fernkursen nach Feierabend auf die Meisterprüfung vor, die er auch nach einigen Jahren ablegt. Daraufhin eröffnet Bollmann eine eigene kleine Kraftfahrzeugreparaturwerkstätte, erwirbt eine Verkaufsvertretung für Motorräder und beschäftigt schließlich eine Angestellte und vier Gesellen. – Bollmanns Schulfreund Weber, der die gleiche Lehre absolvierte, ist immer noch als Geselle in seinem Ausbildungsbetrieb tätig und beklagt sich, daß er „nur für andere arbeite".

Der Unternehmer Freiberg, alleiniger Inhaber eines mittelständischen Fabrikationsbetriebes mit 30 Mitarbeitern, erkannte rechtzeitig die für ihn auf die Dauer erdrückende Konkurrenz der großen, kapitalstarken Unternehmen. Er schaute sich deshalb bei diesen nach einem seinen Vorstellungen entsprechenden Käufer seines Unternehmens um, den er schließlich auch fand. Heute ist Freiberg als Angestellter dieses Käufers gutbezahlter Leiter seines früheren Werkes. – Freibergs früherer mittelständischer Unternehmerkollege Kern, der der Wettbewerbsentwicklung nicht entsprechend begegnete, hat vor einem Monat Konkurs angemeldet.

Gesamtwirtschaft (Volkswirtschaften)
Die wirtschaftliche Entwicklung der verschiedenen europäischen Staaten oder innerhalb der Europäischen Union.

Die wirtschaftliche Entwicklung in den Ländern der Ersten, Zweiten und Dritten Welt (Entwicklungsländer).

Zu (11) Ungleichheit induziert Leistungsstreben, Fortschritt und Wohlstand

Die Erkenntnis, daß Ungleichheit zu Leistungsstreben, Fortschritt und Wohlstand führt, kann den Schülern über Beispiele aus den nachfolgenden Bereichen verdeutlicht werden:

Private Haushalte
Der prüfende Blick, was Nachbarn, Bekannte, Freunde und andere „sich leisten können" und die betrübliche Feststellung, was einem selbst zu haben nicht vergönnt ist, ist ein nicht nur in der Karikatur immer wieder anzutreffendes, weit verbreitetes Stereotyp. Diese Verhaltensweise hat aber nicht nur unzufriedene, zeternde Ehefrauen und quälende Neidgefühle im Gefolge, sondern schafft auch Anstöße, selbst etwas zu unternehmen, um sich auch Entsprechendes „leisten zu können" oder vielleicht sogar ein bißchen mehr als die anderen. Zusätzliches Leistungsstreben und eine daraus geborene Mehrung des privaten Wohlstandes sind die typische (wohl nicht unbedingt die zwangsläufige!) Konsequenz.

Ähnliches gilt für Väter oder Eltern, die sich „ins Zeug legen", um ihren Kindern eine bestimmte Ausbildung und eine entsprechende berufliche Karriere zu ermöglichen, die ihnen selbst nicht vergönnt war. („Meine/unsere Kinder sollen es einmal besser haben als ich/wir!")

Ein solches Verhalten setzt allerdings eine gesunde Selbstverantwortung voraus. Das in jüngerer Zeit auswuchernde wohlfahrtsstaatliche Anspruchsdenken, das die Staatsverantwortung zunehmend an die Stelle der Selbstverantwortung rückt, ist solchen natürlichen Reaktionen entgegengerichtet.

Berufs- und Arbeitswelt
Eine „Orientierung nach oben", das heißt ein – nicht unbedingt neidvoller aber begehrlicher – Blick zu denen, die es „weitergebracht haben" kann als eine dem Menschen typische Verhaltensweise in der Berufs- und Arbeitswelt ausgemacht werden. Eine aus dem Begehren (in vielen, sicherlich nicht in allen Fällen!) erwachsende Anstrengung, Entsprechendes zu unternehmen (Weiterbildung, Höherqualifizierung u.a.), um auch weiterzukommen, darf als normal angesehen werden. Ein aus beruflicher oder sozialer Ungleichheit

geborener gesunder Ehrgeiz (kein krankhafter Karrierismus!) muß deshalb als eine bedeutsame Triebfeder von Leistungsstreben und daraus erwachsendem Fortschritt und Wohlstand erkannt werden.

Unternehmen

Das aufmerksame „Auge auf die Konkurrenz" muß als ein unverzichtbares Attribut eines Unternehmers gelten. Es registriert die Vorzüge wie auch die Defizite derselben und leitet daraus Handlungskonsequenzen ab. Ungleichheit signalisierende Vorzüge von Konkurrenten veranlassen den dynamischen Unternehmer zu entsprechenden Anstrengungen, um diese wettzumachen. Soweit dies gelingt, bedeutet dies Fortschritt und in dessen Gefolge über entsprechende Markterfolge erhöhte Markteinkommen und darüber wachsenden Wohlstand.

Volkswirtschaften

Ungleichheiten in der volkswirtschaftlichen Entwicklung und dem daraus resultierenden (Volks-)Wohlstand werden von den zurückgebliebenen Nationen immer wieder zum Anlaß genommen, staatliche Wachstumsprogramme zu konzipieren und über entsprechende (Leistungs-)Initiativen Fortschritt und Wohlstandsgewinne anzustreben. Ein solches Streben kann allerdings nur dann erwartet werden, wenn nicht egalitaristische Umverteilungsakte – wie sie beispielsweise in der Europäischen Union über den Kohäsionsfonds oder gegenüber Drittweltländern durch verfehlte Entwicklungspolitik vorgenommen werden – diese Anstrengungen im Keime ersticken.

Zu (12) Wohlstand fundiert Freiheit und Macht

Die Erkenntnis, daß wirtschaftlicher Wohlstand (hohes Einkommen und Vermögen) Freiheit und Macht fundiert, kann den Schülern unter anderem über die nachfolgenden Beispiele vermittelt werden:

Private Haushalte

Die Tatsache, daß heute (im Gegensatz zu früher!) die meisten Mädchen/ Frauen einen Beruf erlernen und viele denselben auch ausüben und damit ein eigenes Einkommen haben, macht diese ökonomisch unabhängiger, so insbesondere auch gegenüber ihrem Ehemann. Sie sind damit freier geworden. Sie können sich in eigener Entscheidung und Verantwortung Dinge kaufen, die sie sich früher nicht hätten leisten können oder derentwegen sie ihre Eltern/ihren Ehemann lange hätten bitten müssen. Solche ökonomisch weitgehend unabhängigen Mädchen/Ehefrauen sind nicht mehr auf den Unterhalt durch ihre Eltern/Ehemänner angewiesen und können sich von diesen in Krisenfällen leichter trennen.

Hausfrauen, die nur über ein kleines Haushaltsbudget verfügen, fühlen sich dieserhalb ständig beengt und damit (ökonomisch) unfrei. Eine Erhöhung ihres Budgets erscheint ihnen gleichsam wie eine Lockerung ihrer finanziellen Fesseln.

Ein stattliches Haushaltseinkommen eröffnet beträchtliche Freiheiten in der Auswahl der Konsumgüter (von den Lebensmitteln über die Kleidung, die Wohnung/das Haus, die Wohnungsausstattung, das Fahrzeug bis hin zu den Ferienreisen und anderem mehr).

Der allein verdienende Ehemann rückt gegenüber seiner nicht verdienenden, vermögenslosen Ehefrau leicht in eine ökonomische Machtposition, die er möglicherweise auch ausnützt. – Umgekehrt kann eine wohlhabende Ehefrau einen minderbemittelten Ehemann in ökonomischer Abhängigkeit halten und ihn darüber dominieren.

Ausbildung und Beruf
Gehobene Einkommensverhältnisse der Eltern erleichtern es deren Kindern, eine anspruchsvolle Ausbildung zu absolvieren, das heißt wohlhabende Eltern und deren Kinder sind freier in der Wahl ihrer schulischen und beruflichen Bildung.

Wer den vermögensmäßigen Rückhalt besitzt, kann sich beruflich selbständig machen.

Arbeitnehmer wie auch Unternehmer, die über einen längeren Zeitraum gut verdienten und sich damit ein entsprechendes Vermögen bilden konnten, können sich – soweit ihnen dies erstrebenswert erscheint – vorzeitig aus dem Arbeitsleben zurückziehen. Sie unterliegen nicht dem wirtschaftlichen Zwang, weiterarbeiten zu müssen.

Unternehmen
Eine gute Ertragslage versetzt Unternehmer in die günstige Lage, sich teuere Spitzenkräfte, attraktive Standorte, erstklassige Werbeagenturen und anderes mehr leisten zu können. Mit anderen Worten, ihr finanzieller Wohlstand macht sie relativ frei von beengenden Sparzwängen.

Gute Ertragslagen und daraus erwachsendes wirtschaftliches Vermögen (Kapital) bieten die Grundlage für wirtschaftliche Expansion, sei dies im Wege eigener Erweiterung und/oder durch Übernahme (Aufkauf) schwächerer Konkurrenten. Mit der wirtschaftlichen Größe eines Unternehmens wächst in der Regel auch dessen wirtschaftliche Macht. Diese Macht gilt es im Interesse des Wettbewerbes durch den Staat (Wettbewerbspolitik, Bundeskartellamt) zu kontrollieren.

Volkswirtschaften
Ertragsreiche Volkswirtschaften (Staaten) brauchen sich nicht in ökonomische und gegebenenfalls auch politische Abhängigkeiten von „hilfreichen" Kreditgebern oder „wohlwollenden" Abnehmern zu begeben. Im Gegenteil, sie können ihre wirtschaftliche Stärke auf dem (Welt-)Markt ausspielen und gegebenenfalls das Geschehen selbst diktieren. Auch hier besteht die Gefahr des Machtmißbrauches!

Zu (13) Jeder ist sein eigener Unternehmer

Die Erkenntnis, daß jeder sein eigener Unternehmer ist, kann den Schülern unter anderem an den nachfolgenden oder diesen ähnlichen Beispielen aus dem Situationsfeld *privater Haushalt* vermittelt werden:

Nach ausgiebiger Beratung mit seinen Eltern beschließt Michael nach Abschluß der Hauptschule eine Ausbildung als Speditionskaufmann anzustreben.

Nach Abschluß ihrer Ausbildung zur Groß- und Außenhandelskauffrau beschließt Roswitha, eine Berufsaufbauschule zu besuchen, um über die Erlangung der Fachschulreife den Zugang zum Abendgymnasium und über dieses das Abitur und die Möglicheit ein Fachhochschul- odere Universitätsstudium zu ergreifen, zu erlangen.

Herr Adalbert Schweizer, 40 Jahre, verheiratet, 2 Kinder im Alter von 6 und 8 Jahre, Lagerist in einem Großhandelsunternehmen, besucht zweimal wöchentlich in den Abendstunden einen Umschulungskurs zum Programmierer, da er für seinen derzeitigen Beruf keine Zukunft sieht.

Uwe Finkenzeller, 22 Jahre, wohnhaft bei seinen Eltern im Schwarzwald, hat eine Ausbildung zum Werbekaufmann absolviert und blieb danach noch ein weiteres Jahr in seinem Ausbildungsbetrieb. Er sah rasch ein, daß ihm dieses Unternehmen in der Provinz keine Entwicklungsmöglichkeiten bieten kann und bewarb sich nach Frankfurt a.M. in ein internationales Großunternehmen.

Frau Margarethe Bleu, 45 Jahre, alleinstehend, war bislang selbständige Modistin in einer süddeutschen Mittelstadt. Sie mußte ihr Geschäft aufgeben, weil es sich nicht mehr rentierte. Frau Bleu absolvierte eine Umschulung zur Altenpflegerin und arbeitet heute als Angestellte in einem Seniorenheim.

Roswitha Beyer, 25 Jahre, seit 5 Jahren ausgebildete Hotelkauffrau, ist in einem Mittelklassehotel in Heidelberg angestellt. Sie möchte „weiterkommen" und in einem großen internationalen Haus Karriere machen. Dafür ist jedoch Englisch in Wort und Schrift unverzichtbar. Fräulein Beyer besucht nunmehr auf eigene Kosten abends Englischkurse in den Berlitz-School und „büffelt" am Wochenende.

Mit der Erkenntnis, daß jeder sein eigener Unternehmer ist, soll den Schülern auch bewußt werden, daß ein jeder hinsichtlich der Vermarktung seiner Arbeit ein aus der Unsicherheit der Zukunft geborenes (Unternehmer-)Risiko trägt, das je nach der Gestaltung des Marktes (Unternehmer-)Gewinn oder (Unternehmer-)Verlust bringt. Dieses Risiko muß als ein persönliches begriffen werden, das nicht auf den Staat abgewälzt werden kann. Aus diesem Begreifen soll die Absicht geboren werden, das jedem obliegende persönliche (Unternehmer-)Risiko durch eine möglichst geschickte Anpassung an die Wünsche des Marktes zu minimieren. Mit anderen Worten: Die Erkenntnis, daß auch der Unselbständige hinsichtlich seiner Arbeit ein Unternehmerrisiko trägt, soll bei den Schülern zur Bereitschaft führen, in ihrem späteren Berufsleben das eigene Arbeitsangebot den Markterfordernissen anzupassen, sei dies in qualifikatorischer, räumlicher, zeitlicher oder preislicher (lohnmäßiger) Hinsicht. – Arbeit ist eben nur dann abzusetzen, wenn sie den Vorstellungen des Marktes entspricht. Nichtentsprechung bedeutet Arbeitslosigkeit. – Staatliche respektive kollektivistische Versuche dieser Konsequenz durch Verhinderungsstrategien (Kündigungsschutz, Lohnfestschreibung u.a.) zu begegnen, bedeuten lediglich ein aufwendiges Kurieren an den Symptomen, nicht aber eine Therapie der Ursachen. Solche Vorgehensweisen sind ökonomisch falsch, weil sie den Zwang zur marktgerechten Anpassung des Arbeitsangebotes konterkarieren.

Zu (14) Wirtschaftliches Handeln vollzieht sich in Kreislaufprozessen

Über das Kreislaufschema sollen den Schülern grundlegende Zusammenhänge wirtschaftlichen Geschehens transparent gemacht werden. Die Schüler sollen dabei erkennen, daß die auf Entscheidungen basierenden wirtschaftlichen Aktivitäten in einem auf Wirkung und Rückwirkung beruhenden Beziehungsgefüge zueinander stehen und daß die zu erwartenden Handlungsergebnisse an ganz bestimmte Voraussetzungen geknüpft sind. Hier empfiehlt sich der Rückgriff auf die unter II, 2., (14) dargestellten Kreislaufmodelle.

Die an einer Vielzahl von unterrichtlichen Einzelbeispielen zu gewinnenden Erkenntnisse, die didaktisch sinnvollerweise zunächst an einzelwirtschaftlichen Sachverhalten und danach erst an gesamtwirtschaftlichen zu erarbeiten wären, sollten sich bei den Schülern allmählich zu einem elementaren Wissen um wirtschaftliche Abläufe verdichten, um alsdann von ihnen selbständig auf neue wirtschaftliche Situationen angewendet werden zu können.

4. Kontrollfragen/Arbeitsaufgaben

1. Was sind Stoffkategorien?
2. Welche Synonyme lassen sich für Kategorie verwenden?
3. Was wird über eine Kategorienbildung beabsichtigt?
4. Was sind Bildungskategorien?
5. Wie vollzieht sich der Brückenschlag von der Stoffkategorie zur Bildungskategorie?
6. Welche wirtschaftswissenschaftlichen Kategorien lassen sich ausmachen?
7. Versuchen Sie die einzelnen Kategorien und Subkategorien zu begründen.
8. Versuchen Sie die einzelnen Kategorien und Subkategorien an Beispielen zu erläutern!

9. Versuchen Sie den inneren Zusammenhang der Kategorien, fortlaufend von (1)–(13), aufzuzeigen!
10. Was besagt die Feststellung, daß die aufgeführten Kategorien und Subkategorien kein geschlossenes System repräsenteieren?

5. Weiterführende Literatur

Dauenhauer, E., Kategoriale Didaktik, Rinteln 1969.
Dauenhauer, E., Kategoriale Wirtschaftsdidaktik, Münchweiler 1997.
Derbolav, J., Versuch einer wissenschaftstheoretischen Grundlegung der Didaktik, in: Zeitschrift für Pädagogik, 2. Beiheft, 1960.
Golas, H.G., Stichwort: didaktische Reduktion, in: May, H. (Hrsg.), Lexikon der ökonomischen Bildung, 2. Aufl., München-Wien 1997.
Klafki, W., Das Problem der Didaktik, in: Zeitschrift für Pädagogik, 3. Beiheft, 1963.
Klafki, W., Das pädagogische Problem des Elementaren und die Theorie der kategorialen Bildung, 4. Aufl., Weinheim/Bergstr. 1964.
Kruber, K.P., Didaktische Kategorien der Wirtschaftslehre, in: Kruber, K.P. (Hrsg.), Didaktik der ökonomischen Bildung, Baltmannsweiler, 1994.

III.
ERKENNTNISLOGISCHE REIHUNG DES WIRTSCHAFTLICHEN BILDUNGSSTOFFES

Eine Analyse der Lehrpläne für Wirtschaftslehre an allgemeinbildenden Schulen (selbständig oder in anderen Fächern [Politik, Gemeinschaftskunde, Sozialkunde u.a.] integriert) macht immer wieder deutlich, daß die darin aufgelistetn Bildungsstoffe nur selten der Logik der ökonomischen Erkenntnisgewinnung folgen. Die Anordnung der ökonomischen Bildungsstoffe ist häufig willkürlich, ohne „organischen" Aufbau und inneren Zusammenhang getroffen. Wirtschaftliche Begriffe und Themen unterschiedlicher Erkenntnisebenen und Anspruchsstufen finden sich in unverbundener Reihung. Mangelnder Sachverstand und ideologische Verblendung der Verantwortlichen führen in der Mehrzahl der Fälle zu diesen beklagenswerten unterrichtlichen Vorgaben. Ihnen gilt es – soweit dies im Rahmen der curricularen Gebundenheit des Lehrers möglich ist – zu begegnen, indem elementare Stofflücken geschlossen und damit Verständnisbrücken gebildet und dadurch gegebenenfalls Zusammenhänge erkannt werden. Eine solche erkenntnislogische (folgerichtige) Reihung des wirtschaftlichen Bildungsstoffes läßt sich allerdings nur für den Grundlagenbereich der ökonomischen Bildung vornehmen. Darüberhinaus läßt sich eine allgemeinverbindliche Stoffauswahl und -anordnung kaum mehr in Ansatz bringen. Das Kriterium der „Unverzichtbarkeit des Bildungsgutes zur Bewältigung der (späteren) Alltagsprobleme" sollte jedoch auch hier strikt herangezogen und nicht zugunsten von fragwürdigen Modethemen vernachlässigt werden.

Fazit: Da die für ökonomische Bildung an allgemeinbildenden Schulen zur Verfügung stehende Zeit erfahrungsgemäß äußerst knapp bemessen ist (Daran dürfte sich wohl auch in naher Zukunft kaum etwas ändern! Auch hier hinterläßt das neuhumanistische Bildungsdenken noch immer seine verhängnisvollen Spuren!), sollten sich die zu behandelnden Lehrstoffe strikt an dem für die spätere Lebensbewältigung (unbedingt) Erforderlichen ausrichten. Die Lehrer sollten den Mut haben, entsprechende Defizite in den Lehrplänen in eigener Verantwortung zu beheben.

Erkenntnislogische Reihung des wirtschaftlichen Bildungsstoffes[*]

Bildungsstoffe[1]	Unterrichtsthemen
Bedürfnisse Definition Arten Bedürfnishierarchie nach A. Maslow; Existenz-, Kultur-, Luxusbedürfnisse; Individual- und Kollektivbedürfnisse; manifeste und latente Bedürfnisse. Prägefaktoren (Einkommen, Vermögen, Kultur, Zivilisation, Religion, Klima, Alter, Geschlecht, Werbung u. a.)	Die menschlichen Bedürfnisse
Güter Definition Arten freie und knappe (wirtschaftliche) Güter; Sachgüter, Dienstleistungen, Rechte; private Güter (Individualgüter); öffentliche Güter (Kollektivgüter) u. meritorische Güter; natürliche Güter und künstliche (hergestellte) Güter; Verbrauchsgüter und Gebrauchsgüter; Konsum- und Investitionsgüter.	Die Güter
Produktion von Gütern Produktionsstätten (Betriebe) Produktionsfaktoren (Arbeit, Boden, Kapitel, technischer Fortschritt, Humankapital); Kombination und Substitution von Produktionsfaktoren (Rationalisierung); Gesetz der Massenproduktion; Arbeitsteilung.	Die Produktion von Gütern

Bedürfnisbefriedigung als wirtschaftliches Handeln
Ökonomisches Prinzip
  Minimalprinzip
  Maximalprinzip
Der private Haushalt
  Der private Haushalt als Anbieter von Dienstleistungen
  Der private Haushalt als Bezieher von Einkommen
  Der private Haushalt als Produktionseinheit
  Der private Haushalt als Konsumeinheit
    Der Haushaltsplan
    Das Taschengeld
	Der Mensch als Wirtschaftssubjekt
	
	Der private Haushalt
	
	Der Jugendliche als Verbraucher

---

[*] **Die Verbindlichkeit der Reihung nimmt mit der Entfernung vom Ausgangspunkt ab!**

[1] Zur Erläuterung dieser Bildungsstoffe siehe May, H., Ökonomie für Pädagogen, 7. Aufl., München-Wien 1998; ders. (Hrsg.), Handbuch zur ökonomischen Bildung, 3. Aufl., München-Wien 1997 und ders., Lexikon der ökonomischen Bildung, 2. Aufl., München-Wien 1997.

Der Markt	Der Markt
Leistung und Gegenleistung	
Angebot und Nachfrage	
Wettbewerb	
Wettbewerbsbeschränkungen, z.B. Kartelle	
Wettbewerbsrecht	
Wettbewerbsaufsicht	
Preisbildung	
Globalisierung der Märkte	
Verbraucherrecht	
Kaufvertrag (einschließlich Störungen des Kaufvertrages: Mängel, Lieferungsverzug, Zahlungsverzug)	Der Kaufvertrag
Taschengeldparagraph	
Werk-, Werklieferungsvertrag	Der Werk-, Werklieferungsvertrag
Reparaturvertrag	Der Reparaturvertrag
Mietvertrag	Der Mietvertrag
Reisevertrag	Der Reisevertrag
Zahlungsverkehr unter Einbezug der Abzahlungs- und Verbraucherkreditgeschäfte	Der Zahlungsverkehr
	Abzahlungs- und Verbraucherkreditgeschäfte
Verbraucherpolitik	Der Schutz des Verbrauchers in der Marktwirtschaft
Verbraucherschutz	
Verbraucherinformation	
Verbrauchererziehung	
Arbeit und Qualifikation	Die Anforderungen der modernen Arbeitswelt an den Menschen
Technischer Fortschritt	
Rationalisierung	
Schlüsselqualifikationen	
Berufswahlvorbereitung	Die Ausbildungsberufe (ergänzt und begleitet durch Betriebserkundungen und gegebenenfalls Betriebspraktika; in Zusammenarbeit mit der örtlichen Berufsberatung)
Berufsbereiche,	
Berufsfelder,	
Berufsbilder,	
Berufsgruppen,	
Strukturen und Strukturveränderungen in der modernen Arbeitswelt;	
Berufsanforderungen,	
Anstellungsmerkmale (gelernt, angelernt, ungelernt);	
Erkennen der eigenen Interessen, Neigungen, Fähigkeiten, Dispositionen sowie persönlichen Defizite u. Indispositionen;	
Formen und Möglichkeiten der Aus- und Weiterbildung sowie der Umschulung.	
Arbeitsrecht	
Berufsausbildungsvertrag	Der Berufsausbildungsvertrag
Jugendarbeitsschutzgesteze	Der gesetzliche Schutz der Jugendarbeit
Arbeitsvertrag	Der Arbeitsvertrag
Arbeitsschutzgesetze	Der gesetzliche Schutz der Arbeit

Die Sozialpartnerschaft
  Die Sozialpartner
    Gewerkschaften
    Arbeitgeberverbände
  Die Tarifautonomie
  Der Tarifvertrag
  Die Mitbestimmung der Arbeitnehmer
	Die Sozialpartner
	
	Der Tarifvertrag
	Die Mitbestimmung der Arbeitnehmer

Das System der sozialen Sicherung
  Krankenversicherung
  Rentenversicherung
  Arbeitslosenversicherung
  Pflegeversicherung
	Das System der sozialen Sicherung

Die Soziale Marktwirtschaft
  Die Grundprinzipien
    Freiheit auf dem Markt
    Sozialer Ausgleich
  Wirtschafts- und sozialpolitische Ziele
    Magisches Dreieck
      Vollbeschäftigung
      Stabilität des Preisniveaus
      außenwirtschaftliches Gleichgewicht
    daneben:
      wirtschaftliches Wachstum
      gleichmäßigere Einkommensverteilung
      Bewirkung und Sicherung einer optimalen Umweltqualität
  Entwicklung seit 1948
  Gefahren der Sozialen Marktwirtschaft
	Die Soziale Marktwirtschaft

Die wirtschaftliche Integration der Bundesrepublik Deutschland
  Die Europäische Wirtschafts- und Währungsunion
  Die Welthandelsorganisation (WTO = World Trade Organization)
	Die wirtschaftliche Integration der Bundesrepublik Deutschland

IV.
SCHWERPUNKTBEREICHE DER ÖKONOMISCHEN BILDUNG

Als Schwerpunktbereiche der (allgemeinen) ökonomischen Bildung lassen sich ausmachen:
die Verbrauchererziehung und
die Berufswahlvorbereitung.

1. Verbrauchererziehung

(1) Begriff und pädagogische Absicht

Unter Verbrauchererziehung[1] sollen all jene pädagogischen Maßnahmen zusammengefaßt werden, die darauf abzielen, Kinder und insbesondere Jugendliche für die Bewältigung der ihnen mit dem Kauf und Konsum von Gütern und Dienstleistungen begegnenden Probleme zu rüsten. Diese Rüstung scheint nach allgemeinem Dafürhalten deshalb angezeigt, weil sich die Konsumenten gegenüber den Produzenten/Anbietern in der schwächeren Marktposition befänden, „weil monopolistische und oligopolistische Marktstrukturen vorherrschten und selbst bei polypolistischen Anbietern durch bestimmte Marktstrategien versucht werde, vollkommene in unvollkommene Märkte zu überführen und mangels Markttransparenz rationale Konsumentenentscheidungen zu vereiteln, ganz davon abgesehen, daß das Kaufverhalten mehr gewohnheitsmäßig und impulsiv als rational bestimmt ist"[2]. Diese Bewältigungsprobleme verlangen nach unserem Verständnis vorrangig nach Sachwissen, so insbesondere in den Bereichen der Warenkunde und des Verbraucherrechtes. In diesen Bereichen hat die Schule bei den ihr Anvertrauten Problembewußtsein zu wecken und das zur Lösung der Probleme erforderliche Sachwissen zu vermitteln.

Dem in der einschlägigen Literatur mit der Verbrauchererziehung nicht selten verbundenen kulturpädagogischen Auftrag Konsumkritik zu üben und konsumethische Vorgaben zu setzen, muß mit äußerster Zurückhaltung begegnet werden. Mit seiner Wahrnehmung besteht in hohem Maße die Gefahr, daß durch willkürliche Wertsetzungen (wie z.B. „echte" – „unechte" Bedürfnisse, „höhere – „niedrige" Bedürfnisse) Indoktrinationen erfolgen, **die dem Sinn von Erziehung, der Freiheit des Menschen zur Entfaltung zu verhelfen**, diametral entgegenstehen. Es kann unseres Erachtens nicht angehen, Konsumlust zu diskriminieren und damit das Streben nach Sinnenfreude ins Abseits zu verbannen. Im Gegenteil, der Mensch sollte als Kreatur verstanden werden, die sich ihres Trachtens nach Lustmaximierung, insbesondere im Bereich des Konsums, nicht zu schämen braucht. In dieser Einsichtgewinnung und dem selbstverständlichen, freimütigen Bekenntnis zu ihr ist die Befreiung des Konsumenten aus ideologischer und religiöser Lustunterdrückung zu suchen. Die in diesem Zusammenhang gerne mit morali-

---

[1] Synonym zum Terminus „Verbrauchererziehung" wird das Wort „Verbraucherbildung" verwendet.

[2] Pleiß, U., Konsumentenerzielung, Ursprünge, Strömungen, Probleme, Gestaltungsversuche, in: May, H. (Hrsg.), Handbuch zur ökonomischen Bildung, 2. Aufl., München 1995, S.104.

schem Verbindlichkeitsanspruch gebrauchten Floskeln, wie „sinnvolles" oder „verantwortliches" Konsumieren, sind als Ausdruck wertsetzender Anmaßung abzulehnen. „Sinnvoll" wie auch „verantwortlich" implizieren immer einen individuellen Entscheidungsbezug und können nicht mit einem allgemeinverbindlichen Anspruch vorgegeben werden.

Tauglicher zur Umschreibung der über Verbrauchererziehung angestrebten Qualifikation scheint uns das Prädikat „mündig". Als „mündiger Verbraucher" kann nach unserem Verständnis wohl derjenige angesehen werden, der im Gegensatz zum nicht oder weniger sachkundigen, zum nicht oder weniger seine (Kauf-)Wünsche reflektierenden, rational kontrollierenden Konsumenten seine tatsächliche oder potentielle Verbraucher-/Nachfragersituation intellektuell und emotional beherrscht.

Dauenhauer differenziert diese Interpretation. Für ihn bedeutet „Verbrauchermündigkeit" dreierlei:

– „reiche Fachkenntnisse in allen Bereichen der Verbraucherkunde;
– die Beherrschung von Handlungsabläufen (Fertigkeiten) bei der Planung und Durchführung des Konsums;
– die Verfügbarkeit eines Einstellungssets (Haltungen, Bereitschaften) zur Abwehr und Einleitung kognitiver, affektiver und alltagspraktischer Prozesse auf dem Verbrauchermarkt."[3]

Ähnlich pragmatisch sehen Geisenberger/Kösel die „Mündigkeit" des Verbrauchers fundiert. Ihrem Verständnis entsprechend läßt sich von einer solchen dann sprechen, wenn der Verbraucher
– erkennen kann, welche Stellung er als Nachfrager im marktwirtschaftlichen System einnimmt;
– die Fähigkeit besitzt und die Bereitschaft entwickelt, sich rechenhaftig zu verhalten;
– in der Lage ist, die eigenen Bedürfnisse zu erkennen, sie in eine Rangordnung zu bringen und sie in einer Bedarfsplanung zu erfassen.[4]

Daß die Mündigkeit des Verbrauchers außerdem dessen *Bereitschaft* verlange, Organisationen zur Vertretung von Verbraucherinteressen aktiv und passiv zu unterstützen[5], muß bestritten werden. Mündigkeit kann sicherlich nicht an die Bereitschaft zu Solidarverhalten gekoppelt werden. Ein solches Verlangen entspräche eindeutig kollektivistischen Vorstellungen und ließe sich mit der Freiheit des Individuums nicht vereinbaren. – Der Verbraucher *kann*, muß sich aber nicht solidarisieren!

Eine der Mündigkeit des Verbrauchers verpflichtete schulisch vermittelte Verbraucherbildung ist als ein der marktlichen Gleichgewichtsidee verpflichtetes Instrument der Verbraucherpolitik zu verstehen, das auf das Ein-

---

[3] Dauenhauer, E., Verbraucherkunde und ihre Didaktik, Paderborn 1978, S. 142.
[4] Vgl. Geisenberger, S., Kösel, E., Der Verbraucher in der Marktwirtschaft. Einführung in die Grundlagen der Wirtschaftslehre, Freiburg i. Brsg. 1980, S. 133f.
[5] Vgl. ebenda., S. 135.

kaufsverhalten und die optimale Einkommensverwendung der in Freiheit handelnden und rational entscheidenden Marktteilnehmer abstellt.[6]

(2) Verbrauchererziehung als schulische Aufgabe

Die die Verbrauchermündigkeit basierenden Qualifikationen sind nicht ein für allemal festgeschrieben, sondern verändern und erweitern sich im Zeitablauf. Gesetze und gesetzliche Teilregelungen werden aufgehoben, verändert, ergänzt, neue Gesetze kommen hinzu; alte Materialien und Produkte verschwinden und werden durch innovative, neue Material- und Technikkenntnisse erfordernde Güter ersetzt. Das Waren- und Dienstleistungsangebot ist einem fortwährenden (technischen) Fortschritt unterworfen und erfordert damit auf Seiten des Nachfragers/Konsumenten entsprechende Lernprozesse. Dieses (Verbraucher-)Lernen muß – soll die Verbrauchermündigkeit gewährleistet werden – als ein *lebenslanges Erfordernis* erkannt und praktiziert werden. Diese Erkenntnis hat die bildungspolitische Konsequenz, daß Verbrauchererziehung nicht nur für das Vorschulalter (das heißt in der Regel in der Familie), für die Grundschule, die Sekundarstufe I und II gefordert werden muß, sondern darüber hinaus auch in der Erwachsenenbildung ihre Fortsetzung finden sollte.

Bei der Verbrauchererziehung im **Vorschulalter** kann es im Schoße der Familie selbstverständlich weniger um konsumökonomische Erkenntnis als vielmehr um elementares konsumpädagogisches Bemühen und Anleiten gehen. Diesem konsumpädagogischen Bemühen und Anleiten ließen sich als Zielvorgaben zuordnen: elementares Informationsverhalten, elementares Einkaufsverhalten, elementares Konsumverhalten; daneben elementare Kenntnisse im Verbraucher-Grundlagenrecht (z.B. was darf man, was darf man nicht in einem Ladengeschäft) und in Warenkunde.[7] – Die Ergebnisse dieser Verbrauchererziehung in der Familie müssen zwangsläufig sehr unterschiedlich sein, erwachsen sie doch durchweg individuellem Vermögen respektive Unvermögen.

Entsprechend unterschiedlich ist damit auch die verbraucherkundliche Vorbildung, mit der sich die **Grundschüler** der Verbrauchererziehung im *Sachunterricht* (der Klassen 1-4) stellen. Diesem Umstand hat der schulische Einstieg in die Verbauchererziehung Rechnung zu tragen. Mit ihm soll den Schülern in erster Linie ihre existenzielle Verbundenheit mit dem Konsum bewußt gemacht, verdeutlich und gegebenenfalls problematisiert werden. Diese Verbundenheit verlangt nach Aufklärung und Information bezüglich folgender Sach- und Problemverhalte:

– das fortwährende Verlangen nach Nahrung, Kleidung, Wohnung und darüber hinaus nach Gütern zur Freizeitgestaltung (z.B. Spielzeug, Sportartikel, Musikalien) und Bildung (z.B. Schulartikel, Bücher);

---

[6] Vgl. Scherhorn, G., Erziehung zur Konsumfreiheit, in: Hauswirtschaftliche Bildung, 1977, S. 3ff.
[7] Vgl. hierzu Dauenhauer, E., Verbraucherkunde und ihre Didaktik, a.a.O., S. 147ff.

- die aus dem (fortwährenden) Verlangen nach den vorgenannten Gütern erwachsenden Beziehungen zu den Anbietern solcher Güter und Dienstleistungen, wie
  - *Einzelhändler:* Lebensmittelhandel, Textilhandel, Schuhhandel, Sportartikelgeschäft, Buchhandel, Musikalienhandel, Spielzeuggeschäft u. a.
  - *Handwerker:* Bäcker, Metzger, Schlosser, Schreiner, Schneider, Maurer, Maler, Friseur, u. a.
  - *Dienstleistungsbetriebe:* Banken, Versicherungen, Transportunternehmen, Rundfunk- u. Fernsehunternehmen, Nachrichtenübermittler u. a.
- einschlägige Warenkenntnisse (worauf ist zu achten beim Kauf von . . . ?);
- einschlägige Versorgungsfragen (Ernährungs-, Kleidungs-, Ausstattungsfragen und -probleme);
- einschlägige Einkaufsfragen (Preis- und Qualitätsvergleiche, Preis-Leistungsverhältnis, einfache Qualitätsvergleiche).

Die vorgenannten Sach- und Problemverhalte markieren einen unverbindlichen, keineswegs erschöpfenden Stoffkatalog, aus dem die in die Verbrauchererziehung involvierten Lehrer- soweit sie über die entsprechende curriculare Freiheit verfügen – Unterrichtsthemen ableiten, aufbereiten und bearbeiten können. – Bereits auf dieser Stufe verbrauchererzieherischen Bemühens gilt die (allmähliche) Mündigkeit des Verbrauchers als oberstes Lernziel. Ihm haben sich die kognitiven, affektiven und psychomotorischen Fernziele zu fügen.

Die curriculare Bedeutung der Verbrauchererziehung in der **Sekundarstufe I** (Klassen 5-10) ist schulartspezifisch recht unterschiedlich. Während einschlägige Lehrplanbezüge an den Gymnasien weitgehend fehlen, ist von den Realschulen über die Gesamtschulen zu den Hauptschulen eine deutliche Gewichtungszunahme festzustellen. Der Schwerpunkt der Verbrauchererziehung liegt in den Hauptschulen und Gesamtschulen. Dieses Defizit der gegenwärtigen Verbrauchererziehungssituation soll hier nicht weiterverfolgt werden. Wir wollen uns in den nachfolgenden Ausführungen vielmehr von den Vorstellungen leiten lassen, wie eine Verbrauchererziehung in der Sekundarstufe I für alle Schularten gleichermaßen wünschenswerterweise anzulegen wäre. Daß eine Verbrauchererziehung in allen Schularten in gleicher Weise verwirklicht werden sollte, meinen wir damit begründen zu können, daß die Mündigkeit im Konsum **für jeden**, egal welche schulische Laufbahn er einschlägt, gleichermaßen wichtig ist. Mündigkeit im Konsum bedeutet für uns eine Teil-Mündigkeit im unausweichlichen Alltag.

Die herausragenden Sach- und Problemverhalte[8] der Verbrauchererziehung in der Sekundarstufe I dürften folgende sein:

---

[8] Zur inhaltlichen Aufarbeitung können herangezogen werden: May, H., Ökonomie für Pädagogen, 7. Aufl., München-Wien 1998, Kapitel 2.5; May, H., Wirtschaftsbürger – Taschenbuch, 3. Aufl., München-Wien 1997, insbesondere Kapitel II, 3.; May, H. (Hrsg.), Lexikon der ökonomischen Bildung, 2. Aufl., München-Wien 1997.

- Der Mensch als Bedürfnisträger
  - Strukturierung und Hierarchisierung der Bedürfnisse
  - Bedürfniskonkurrenz – Bedürfniskonflikt
  - Bedürfnis – Bedarf – Nachfrage
  - Nachfrage als Entscheidungsakt
- Der private Haushalt als Wirtschaftssektor
- Der private Haushalt als Nachfrager von Konsumgütern
  - Das Anbieter-Interesse
    Der Anbieter als Gewinnmaximierer
  - Das Nachfrager-Interesse
    Der Nachfrager als Nutzenmaximierer
    Konflikte zwischen Anbieter- und Nachfragerinteresse
- Marktstrategien von Anbietern und Nachfragern
  - Strategien der Anbieter
    - Werbung
      - Formen der Werbung
      - Möglichkeiten und Grenzen der Werbung
    - Kartellierung
    - Konzernierung
    - Fusionierung
  - Strategien der Nachfrager
    - Verbraucheraufklärung, Verbraucherinformation
    - Solidarisierung
    - Boykott
- Rechtliche Grundlagen verbraucherwirtschaftlichen Handelns (Verbraucherrecht)
  - Allgemeine Grundlagen
    - Geschäftsfähigkeit
    - Nichtigkeit von Rechtsgeschäften
    - Anfechtung von Rechtsgeschäften
  - Spezielle Grundlagen
    Rechtsgeschäfte des wirtschaftlichen Alltags
    - Vertragsfreiheit und Allgemeine Geschäftsbedingungen
    - Kaufvertrag einschließlich seiner Störungen
    - Abzahlungs- und Verbraucherkreditgeschäfte
    - Werkvertrag und Werklieferungsvertrag
    - Reparaturvertrag
    - Mietvertrag
    - Darlehen
    - Bürgschaft
    - Sicherungsübereignung
    - Grundpfandrechte
- Warenkunde einschließlich Produkttechnik
- Produktgebrauch
- Kaufverhalten
- Korrektes Reklamationsverhalten

– Hauswirtschaftliches Kalkulieren
  – Planung (und Kontrolle) der Einnahmen und Ausgaben
  – Erstellung und Überprüfung einfacher (Preis-)Kalkulationen
– Verbraucherpolitik
  – Ziele der Verbraucherpolitik
  – Träger der Verbraucherpolitik
  – Instrumente der Verbraucherpolitik.

Wie der Stoff- und Problemekatalog deutlich macht, soll Verbrauchermündigkeit in erster Linie über entsprechendes Wissen und Problembewußtsein (d. h. über Bescheidwissen) erlangt werden. Ihm können dann – müssen aber nicht – entsprechende Haltungen und Verhaltensweisen entwachsen. Vor der Vermittlung fragwürdiger (religiöser, ideologischer, moralischer, weltanschaulicher u. a.) Sensibilitäten ist ausdrücklich zu warnen. Sie stehen einer autonomen rationalen Konsumwahl nicht selten hinderlich im Wege.

In der **Sekundarstufe II** wird in den geltenden Lehrplänen auf Verbrauchererziehung weitgehend verzichtet. Dies ist äußerst bedauerlich, böte sich doch gerade auf dieser Altersstufe die Möglichkeit, eine wissenschaftspropädeutische Vertiefung und Erweiterung der bis dahin erarbeiteten verbraucherwirtschaftlichen Sach- und Problemverhalte vorzunehmen.

Während sich die Verbrauchererziehung im Bereich der **Grundschule** großteils über *Erkundungen* und *Projekte* vollzieht, verfügt sie in der **Sekundarstufe I** über ein breit angelegtes Methodenspektrum. Soweit sie auf kognitive Lernziele abstellt (so beispielsweise im Verbraucherrecht), bedient sie sich vornehmlich des klassischen *Lehrvortrages*. In Ergänzung dazu setzt Verbrauchererziehung bewußt auf *problemlösendes Verhalten* über *Fallstudien, Rollenspiele, Planspiele* und *Projekte* (siehe dazu V., 2.).

In der **Grundschule** ist Verbrauchererziehung dem *Sachkunde*unterricht zugeordnet. Auf den **übrigen Schulstufen** ist sie (soweit überhaupt in den Lehrplänen berücksichtigt!) integraler Bestandteil *eines* bestimmten Unterrichtsfaches, so der Arbeitslehre, der Wirtschaftslehre wie auch der Gemeinschaftskunde. Als Trägerfach wird in der Regel ein Fach mit ökonomischen Gehalten gewählt.

(3) Kontrollfragen / Arbeitsaufgaben

(1) Von welcher Absicht läßt sich die Verbrauchererziehung leiten?
(2) Welche Überlegungen/Umstände rechtfertigen eine Verbrauchererziehung?
(3) Durch welche Merkmale ist der „mündige Verbraucher" gekennzeichnet?
(4) Welche Lernziele werden der Verbrauchererziehung vorgegeben?
(5) Warum ist Verbraucherbildung ein lebenslanges Erfordernis?
(6) Welche Bedeutung hat die Verbrauchererziehung auf den verschiedenen Schulstufen?

(7) Nennen Sie die wichtigsten Sach- und Problemverhalte für den Bereich der
   (a) Grundschule
   (b) Sekundarstufe I.
(8) Warum sollte sich die Verbrauchererziehung zurückhalten, (konsumethische) Wertungen zu treffen und daraus entsprechende Vorgaben abzuleiten?

(4) Weiterführende Literatur

Dauenhauer, E., Verbraucherkunde und ihre Didaktik, Paderborn 1978.
Geisenberger, S., Kösel, E., Der Verbraucher in der Marktwirtschaft, Freiburg i. Brsg.-Basel-Wien 1980.
Kaminski, H., Verbrauchererziehung in der Sekundarstufe I. Fachwissenschaftliche Erklärungsansätze, Unterrichtsmodelle und Materialien, Bad Heilbrunn/Obb. 1978.
Kühlmann, E., Verbraucherpolitik. Grundzüge ihrer Theorie und Praxis, München 1990.
Pleiß, U., Konsumentenerziehung. Ursprünge, Strömungen, Probleme, Gestaltungsversuche, in: May, H., (Hrsg.), Handbuch zur ökonomischen Bildung, 3. Aufl., München-Wien 1997, S. 97–124.
Steffens, H., Stichwort: Verbraucherbildung, in: May, H. (Hrsg.), Lexikon der ökonomischen Bildung, München-Wien 1996.

2. Berufswahlvorbereitung

(1) Begrifflichkeiten und pädagogische Absichten

Unter Berufswahlvorbereitung sollen hier all jene durch Berufsberatung und Schule ergriffenen Maßnahmen verstanden werden, die darauf abzielen, den vor dem Eintritt in die Arbeitswelt stehenden Jugendlichen „eine Orientierungs- und Entscheidungshilfe für die persönliche Berufswahl"[9] anzubieten. Diese persönliche Berufswahl ist nun nicht als ein einmaliger Akt zu verstehen, sonderen als ein **langfristiger**, verschiedene den individuellen Berufs- und Lebensweg begleitende Wahlsituationen umfassender **Vorgang**[10]. Diese Wahlsituationen verlangen im wesentlichen folgende berufliche Entscheidungen:

– Entscheidung für eine bestimmte der Grundschule nachgeordnete schulische Allgemeinbildung (Hauptschule, Realschule, diverse Gymnasien; mittlere Reife, Abitur),
– Entscheidung für oder gegen eine berufliche Erstausbildung,

---

[9] Dibbern, H., Theorie und Didaktik der Berufsvorbildung, Baltmannsweiler 1993, S. 25.
[10] In einer Vorbetrachtung zur fünften Unseco-Weltkonferenz „Lernen im Erwachsenenalter – ein Schlüssel zum 21. Jahrhundert" (Confintea) vom 14. bis zum 18. Juli 1997 in Hamburg betonte Bundesbildungsminister Jürgen Rüttgers, daß beim gegenwärtigen Übergang von der Industrie- in die Wissenschaftsgesellschaft in der Regel eine einmalige Berufsausbildung nicht mehr für das gesamte Arbeitsleben ausreiche; es dürfe vielmehr der Norm entsprechen, daß jeder in seinem Leben drei Mal einen neuen Beruf erlernen muß. Vgl. Frankfurter Allgemeine Zeitung Nr. 157/28D v. 10. Juli 1997, S. 1.

– Entscheidung für einen bestimmten Arbeitsplatz zur (ersten) beruflichen Spezialisierung,
– Entscheidung für einen neuen gleich- oder andersartigen Arbeitsplatz bei Verlust oder Aufgabe des alten,
– Entscheidung für oder gegen eine Weiterbildung oder Umschulung zur Erweiterung der Fachkompetenz und zum Erwerb neuer beruflicher Qualifikationen.[11]

Die Vorbereitung des Jugendlichen auf diese Berufwahlsituationen, die Berufswahlvorbereitung, ist von der zentralen Absicht bestimmt, die **Berufswahlkompetenz** zu fördern. „Berufwahlkompetenz ist die Bereitschaft und Fähigkeit, die in bestimmten beruflichen Entscheidungsphasen gestellten Berufswahlaufgaben wahrzunehmen, ihren Problemgehalt zu analysieren, dabei die in ihnen liegenden Chancen zur Selbstbestimmung zu entdecken und zu Handlungsmöglichkeiten aufzuarbeiten, diese zu entscheiden und mit persönlichen und sozialen Bindungsfolgen zu versehen, das heißt zu verantworten, und sie in ein situationsgerechtes Verwirklichungshandeln einzubringen"[12]. Eine solchermaßen definierte Berufswahlkompetenz kann sich jedoch nur allmählich über die sukzessive Bewältigung von Berufswahlaufgaben entwickeln. Überragender Aufgabenkomplex ist dabei die **primäre Berufswahl**. Die bedeutet nicht nur Weichenstellung für die Berufslaufbahn schlechthin, sie bestimmt gleichzeitig über die Übernahme sozialer Rollen in der Gesellschaft, so insbesondere in Familie, Betrieb, Freizeit und öffentlichem Leben.

Die primäre Berufswahl ist nun aber keineswegs als eine isolierte Phase auf dem Lebens- und Berufsweg eines Heranwachsenden zu sehen; sie ist vielmehr mit dessen persönlicher Vergangenheit und den aus dieser genährten Zukunftserwartungen verbunden und gleichzeitig in das sozioökonomische Bedingungsfeld der Gegenwart gestellt. Aus der Vergangenheit rühren bestimmte, meist aus persönlichen – den Sozialisations- und Prägeeinflüssen von Elternhaus, Verwandtschaft, Schule etc. unterliegenden – Einschätzungen geborene Berufsvorstellungen. Sie können einen rationalen Berufwahlprozeß begünstigen, aber auch behindern. Das sozioökonomische Bedingungsfeld schließlich schafft Fakten – so insbesondere Bildungs-, Ausbildungs- und Berufsmöglichkeiten –, die der Wählende respektieren muß. Diesem Erkenntniskomplex hat die Berufswahlvorbereitung entsprechend Rechnung zu tragen. Sie sollte deshalb im Rahmen ihrer Aktivitäten auch darauf hinwirken (**Lernziele**), daß der Berufswähler

– sich der Bedeutung seiner Entscheidung für seine persönliche Zukunft bewußt wird,

---

[11] Vgl. hierzu Chaberny, A., Schober-Gottwald, K., Risiko und Chance bei der Ausbildungs- und Berufswahl, in: Mitteilungen aus der Arbeitsmarkt- und Berufsforschung, 9. Jahrgang, Heft 1/1976, S. 22.
[12] Bußhoff, L., Berufswahlvorbereitung, in: Handbuch zur Berufswahlvorbereitung, hrsgg. von der Bundesanstalt für Arbeit, Nürnberg, München 1987, S. 6.

- seine vorläufigen Berufsvorstellungen kritisch auf ihre Rationalitätsnähe zu prüfen bereit ist, insbesondere hinsichtlich seiner persönlichen Begabungen, Fähigkeiten und Fertigkeiten sowie der gegenwärtigen und zukünftigen Aussichten auf dem Arbeitsmarkt,
- einen hinreichenden Überblick über die Vielfalt der beruflichen Möglichkeiten und die hiervon möglicherweise für ihn geeigneten erhält,
- erkennt, daß die Berufswahl auch bei gewissenhafter Vorbereitung das Risiko des Scheiterns einschließt.

Berufswahlvorbereitung kann allerdings immer nur **Entscheidungshilfe** (Hilfe zur Selbsthilfe) bedeuten. Als solche hat sie die persönliche Entscheidungsfreiheit und die mit dieser verbundene Selbstverantwortung des Berufswählers zu respektieren, aber auch diesem bewußt zu machen. Keinesfalls darf Berufswahlvorbereitung zu einer Beschränkung oder gar Abnahme der persönlichen Berufsentscheidung führen.

(2) Die Institutionalisierung der Berufswahlvorbereitung

Die Vorbereitung auf die Berufswahl ist nach § 31 Arbeitsförderungsgesetz der Berufsberatung der Bundesanstalt für Arbeit zugewiesen. Daneben wird sie jedoch heute allgemein auch als Aufgabe der allgemeinbildenden Schule gesehen, wenn ihr auch hier in der Sekundarstufe I und II sowie in den einzelnen Bundesländern recht unterschiedliche Aufmerksamkeit zukommt. Um eine für den Berufswähler möglichst effiziente Abstimmung der Aktivitäten dieser beiden öffentlichen Institutionen zu erwirken, wurde von der Bundesanstalt für Arbeit und der Ständigen Konferenz der Kultusminister der Länder am 12. Februar 1971 ein Übereinkommen getroffen, das eine *Rahmenvereinbarung über die Zusammenarbeit von Schule und Berufsberatung* einschließt. Danach wirken beide Einrichtungen bei der Schullaufbahnberatung wie auch bei berufsaufklärenden Maßnahmen zusammen und unterstützten sich gegenseitig bei der Aus- und Weiterbildung der Lehrer und Berufsberater. Pauschalisierend lassen sich die beiden institutionellen Aktivitätsbereiche der Berufswahlvorbereitung als **Berufsaufklärung** (Bundesanstalt für Arbeit, Berufsberatung) und **Berufswahlunterricht** (Schule) klassifizieren.

(a) Berufsaufklärung

Die Berufsaufklärung wird durch die örtlichen Arbeitsämter als **eigenständiger** Aufgabenbereich wahrgenommen. Sie konzentriert sich auf Informationsvermittlung über Berufe, deren Anforderungen und Entwicklungen auf dem Arbeitsmarkt wie auch über die Möglichkeiten der Förderung beruflicher Bildung. Im einzelnen umfaßt dieses Programm folgende Maßnahmen:

- berufskundliche Ausstellungen;
- Errichtung von Berufsinformationszentren;
- Berufsaufklärung der Öffentlichkeit über Massenmedien, durch Kontakt-

aufnahme mit den privaten und öffentlichen Trägern der Berufsausbildung wie auch mit den Einrichtungen der Jugendpflege und den Trägern der Jugendsozialarbeit;
- mittelbare Berufsaufklärung: darunter fallen all diejenigen Tätigkeiten, durch die berufsorientierende Bemühungen anderer Institutionen – insbesondere schulischer und wirtschaftlicher – genutzt oder unterstützt werden;
- Elternversammlungen;
- Vortragsveranstaltungen;
- Gruppeninformationen gegenüber Jugendlichen, die ohne Berufsausbildung geblieben oder in den Möglichkeiten ihrer beruflichen Entwicklung gestört sind: in Klassen für Jungarbeiter, Fürsorgeheimen, Heimen der Jugendverbände und in Jugendstrafanstalten.

Ergänzend zu diesen Veranstaltungen bietet die Bundesanstalt für Arbeit nach unterschiedlichen Zielen und Adressaten strukturierte berufsorientierte Schriften, berufs- und studienkundliche Materialien sowie berufswahlvorbereitende Selbsterkundungsprogramme an. Diese Programme (so insbesondere Mach's Richtig[13]) werden auch in Zusammenarbeit mit der Schule eingesetzt.

(b) Berufswahlunterricht

Der Berufswahlunterricht versteht sich als **kooperativer Aufgabenbereich** der Bundesanstalt für Arbeit, vertreten durch die örtlichen Arbeitsämter, und der Schule. Er ist in der Regel in den Fächern Wirtschaftslehre, Arbeitslehre, Gemeinschaftskunde/Politik integriert. Hier sehen sich beide Institutionen vor die gemeinsame Aufgabe gestellt, dem Jugendlichen die erforderliche **Berufswahlreife** zu vermitteln. Diese Qualifizierung „zur Durchführung einer ersten Berufs- und Ausbildungsentscheidung unter der Perspektive einer langfristigen individuellen Berufswegplanung"[14] verlangt beim Jugendlichen die möglichst umfassende Bewußtwerdung all der objektiven und subjektiven Chancen und Benachteiligungen, die für diese Entscheidung relevant sind. Der Jugendliche muß den *Konfliktcharakter* der Berufswahl und die diesen bedingenden subjektiven (Werthaltungen, Fähigkeiten, Dispositionen, Neigungen) wie auch objektiven sozioökonomischen Determinanten erkennen und sich der Notwendigkeit seiner rationalen Entscheidung bewußt werden (*Entscheidungscharakter der Berufswahl*). Diesem Anspruch versuchen neuere Konzeptionen der Berufsorientierung durch Einbezug verhaltenswissenschaftlicher Forschungsansätze zu entsprechen. Unter ihrer Berücksichtigung hätte die curriculare Fassung des Berufswahlunterrichts im wesentlichen folgender Themenspur zu folgen:

---

[13] Medienkombination zur Berufsaufklärung für Schüler der Sekundarstufe I, hrsgg. von der Bundesanstalt für Arbeit.
[14] Dibbern, H., Kaiser, F.J., Kell, A., Berufswahlunterricht in der vorberuflichen Bildung, Bad Heilbrunn/Obb. 1974, S. 74.

– Breit angelegte Information über die allgemeine Wirtschaftslage, die regionale Wirtschaftsstruktur, die Struktur der Berufe (Berufsbereiche, Berufsfelder, Berufsbilder), Arbeitsmarktlage, Verdienstmöglichkeiten, Ausbildungsstellensituation, wirtschaftliche, insbesondere berufliche Entwicklungstrends, soziokulturelle und soziostrukturelle Determinanten der Berufswahl (**allokationstheoretischer Aspekt**);
– Anleitung und Hilfe bei der Aufdeckung der individuellen Schülerbiographien als Einflußgrößen der Berufswahl, Beratung und Unterstützung bei der Entwicklung individueller Berufslaufbahnkonzepte (**entwicklungstheoretischer Aspekt**);
– Evozierung der Erkenntnis, daß die Berufswahl ein mehrstufiger Entscheidungsprozeß ist, und der Bereitschaft, sich diesem zu stellen (**entscheidungstheoretischer Aspekt**).

Der bislang überzeugendste Versuch, ein Curriculum-Konzept für den Berufswahlunterricht zu entwickeln, stellt das von Dibbern, Kaiser und Kell im Auftrag der Bundesanstalt für Arbeit erstellte Gutachten „Berufswahlunterricht in der vorberuflichen Bildung"[15] dar. Dieses Curriculum-Konzept steht unter der umfassenden Zielvorgabe:
Berufswahlreife, umschrieben als Qualifikation zur Durchführung einer ersten Berufs- und Ausbildungsentscheidung unter der Perspektive einer langfristigen individuellen Berufswegplanung.[16] Aus dieser Aufgabenumschreibung schälen die Gutachter drei miteinander verflochtene **Teilaufgaben** des Berufswahlunterrichts heraus:

– Einsichtigmachung der eigenen familialen und schulischen Situation und ihre Bewußtwerdung als Prägekraft der persönlichen Berufsentscheidung;
– Erfassung der beruflichen Aus- und Weiterbildung als die zentrale Möglichkeit, auf die Erfordernisse der Arbeitswelt zu reagieren;
– Analyse der Arbeitsweltbedingungen (insbesondere in technischer, ökonomischer und politischer Sicht) und ihre Berücksichtigung bei der eigenen Berufswahlentscheidung.[17]

Als „das organisierende Prinzip, das diese drei Teilaufgaben zusammenbindet"[18], wird die **individuelle Berufswegplanung** gesehen. Die individuelle Berufswegplanung gilt als die **Gesamtaufgabe**[19].

Das Curriculum „Berufswahlunterricht" wird von Dibbern, Kaiser und Kell in einem Matrix-Schema verdichtet. Während die Spalten dieser Matrix nach den vorgenannten Teilaufgaben als den *Kriterien der individuellen Berufswegplanung* geordnet sind, werden die Zeilen nach den *gesellschaftlichen Situationsfeldern der beruflichen Tätigkeiten* (und zwar ausgehend von einer Mikrobetrachtung [betriebliche Arbeitsplätze] über eine partiale Betrach-

---

[15] Siehe das vorgenannte Werk.
[16] Vgl. ebenda S. 74.
[17] Vgl. ebenda S. 74f.
[18] Ebenda, S. 75.
[19] Ebenda.

tung [Berufe, Berufsfelder] endend bei einer Makrobetrachtung [Wirtschaftsregionen, Wirtschaftszweige, Wirtschaftssektoren] gestuft (siehe Übersicht 13).

Übersicht 13   Entnommen aus: Dibbern, H., Kaiser, F.J., Kell, A., Berufswahlunterricht in der vorberuflichen Bildung, a.a.O., S.75.

Didaktische Matrix „Berufswahlunterricht"

Kriterien der individuellen Berufswegplanung / Gesellschaftliche Situationsfelder der beruflichen Tätigkeiten	1 Familiale und schulische Sozialisation	2 Berufsvorbereitung, Berufsaus- und Weiterbildung	3 Berufsausübung (technische, ökonomische, politische Implikationen)
1 Betriebliche Arbeitsplätze	1.1 Analyse subjektiver Faktoren	1.2 Betriebliche Anlern- und Fortbildungsmaßnahmen	1.3 Arbeitsplatzanalysen
2 Berufe	2.1 Berufsmotivationen und -erwartungen	2.2 Aus- und Weiterbildung, Umschulung; Berufsinformationen	2.3 Berufsanalysen
3 Berufsfelder	3.1 Auswirkungen der beruflichen Sozialisation auf die Familie	3.2 Berufsfeldbezogene Ausbildungsmöglichkeiten	3.3 Berufsfeldanalysen
4 Wirtschaftsregionen und Wirtschaftszweige	4.1 Berufschancen und sozio-ökonomische Entwicklung der Region	4.2 Regionale Ausbildungsmöglichkeiten	4.3 Auswirkungen regionaler Veränderungen auf Berufschancen
5 Wirtschaftssektoren	5.1 Lebenschancen und volksw. Entwicklung	5.2 Gesamtwirtschaftliche Qualifikations- und Ausbildungsstruktur	5.3 techn.-ökon.-polit. Wandlungen und berufliche Mobilität

Der Anspruch, der mit dieser didaktischen Matrix verfolgt wird, ist sicher nicht, sämtliche Aspekte des Berufswahlunterrichts zu erfassen, sondern vielmehr „ein flexibel zu handhabendes statisch als auch dynamisch zu lesendes schematisches Ordnungsmittel (zu präsentieren, d. Verf.), das die Hauptkriterien einer didaktischen Gesamtaufgabe in einem überschaubaren Beziehungszusammenhang setzt"[20].

---

[20] Ebenda S.75f.

Zum besseren Verständnis der sichtwortartigen Angaben in den Matrixfeldern seien die von den Gutachtern dazu abgegebenen Erläuterungen angeführt:

„1.1 Analyse subjektiver Faktoren: Erkennen der eigenen Begabungs- und Leistungsprofile und Begabungsschwächen (physiologische, kognitive, affektive, psychomotorische, sozialpsychologische Begabungspotentiale) im Hinblick auf spezielle Anforderungen an Arbeitsplätzen sowie der Problematik von Eigen- und Fremdbeurteilung.

1.2 Analyse betrieblicher Anlern- und Fortbildungsmaßnahmen.

1.3 Arbeitsplatzanalysen unter technischen, ökonomischen und politischen Aspekten.

2.1 Analyse der familialen und individuellen Berufsmotivationen und der beruflichen Erwartungen im Hinblick auf ihre Berufsbedeutsamkeit.

2.2 Kenntnis und Urteilsfähigkeit über alle Formen der Aus- und Weiterbildung und der Umschulung (Zugangsvoraussetzungen, vertragliche Bedingungen, Förderungsmöglichkeiten, Abschlußqualifikationen) einschließlich der Möglichkeiten, Informationen zu sammeln und sich beraten zu lassen.

2.3 Berufsanalysen unter technischen, ökonomischen und politischen Aspekten.

3.1 Ordnung der beruflichen Tätigkeiten der Eltern und der eigenen globalen Berufsvorstellungen nach Berufsfeldern. Globaler Vergleich der Berufsfelder.

3.2 Zuordnung von Ausbildungsmöglichkeiten und Berufsfeldern. Globaler Überblick über die Curricula der Berufsgrundbildung für die einzelnen Berufsfelder.

3.3 Einsicht in die technischen, ökonomischen und politischen Bedingungen der Berufsausübung in den einzelnen Berufsfeldern.

4.1 Erkennen des Einflusses der regionalen Wirtschaftsstruktur auf die beruflichen Entwicklungsmöglichkeiten des einzelnen.

4.2 Vermittlung von Informationen über die regionalen Ausbildungsmöglichkeiten (Übergangsmöglichkeiten zu weiterführenden allgemeinen und beruflichen Schulen, Ausbildungsberufe usw.).

4.3 Erkennen der technologischen Bedingungsfaktoren der regionalen Wirtschaftsstruktur (Rohstoffvorkommen, verkehrsgeographische Lage usw.), der ökonomischen Einflüsse auf die regionale Wirtschaftsstruktur (sozioökonomische Entwicklungsgeschichte des Raumes, marktbeherrschende Unternehmungen, Standortwahl der Unternehmungen usw.) und der ökonomischen Implikationen der regionalen Politik (regionale Strukturpolitik, Wirtschaftsförderungsgesellschaft usw.).

5.1 Einordnung der beruflichen Tätigkeiten der Eltern und der globalen Berufsvorstellungen in die Wirtschaftssektoren und Abschätzung der Auswirkungen von Verschiebungen zwischen den Wirtschaftssektoren auf die individuellen Beschäftigungschancen unter Berücksichtigung der familialen Sozialposition.

5.2 Erkennen des Zusammenhanges von gesamtwirtschaftlicher Qualifikationsstruktur und Struktur des Ausbildungssystems.

5.3 Abschätzen des Einflusses produktionstechnischer Veränderungen auf die Anforderungsmerkmale der Tätigkeiten und die quantitativen Freisetzungseffekte in den Wirtschaftssektoren, des Einflusses organisatorischer Veränderungen und von Wandlungen auf den Absatzmärkten auf die Berufschancen in den Wirtschaftssektoren sowie der staatlichen Tätigkeit (soziale Dienste usw.) auf die Berufschancen (Wirtschaftszweigeffekt)."[21]

Berufskundlicher Unterricht wird heute fast ausschließlich in den Klassen 7-10 (Sekundarstufe I) der Haupt- und Realschulen angeboten. An den Gymnasien wird der Berufswahlvorbereitung allenfalls ansatzweise über entsprechende Aktivitäten der Berufsberatung Rechnung getragen. Dieser Zustand wird wohl seit langem beklagt, dauert jedoch weiterhin unverändert fort.

Einen recht informativen **Organisations- und Zeitplan** für Schüleraktivitäten in Ergänzung zum Berufskundeunterricht an Haupt- und Realschulen bietet Hablitzel[22] (siehe Übersicht 14):

Übersicht 14

*) STEP (Systematisches Trainings- und Entscheidungsprogramm) und STEP-PLUS wurden von der Bundesanstalt für Arbeit herausgegeben und von den örtlichen Arbeitsämtern zur Verteilung gebracht. Beide wurden ab Schuljahr 1996/97 durch die ebenfalls von der Bundesanstalt für Arbeit herausgegebene neu bearbeitete und erweiterte Medienkombination „MACH'S RICHTIG" ersetzt.

**) „Beruf aktuell" ist ein von der Bundesanstalt für Arbeit herausgegebenes und über die örtlichen Arbeitsämter verteiltes Nachschlagewerk über Berufsbereiche und Berufe.

***) „Blätter zur Berufskunde" ist eine von der Bundesanstalt für Arbeit herausgegebene (u. über den Bertelsmann Verlag, Bielefeld, zu beziehende) umfassende Dokumentation über die Vielzahl der Berufe. Sie umfaßt derzeit 5 Bände mit insgesamt etwa 800 Einzelheften.

****) Von der Bundesanstalt für Arbeit herausgegebene und über die örtlichen Arbeitsämter verteilte kleine Broschüre, die sich an Ratsuchende in Sachen Beruf und deren Erziehungsberechtigte wendet. Sie informiert über wichtige Rechte und Pflichten sowie Schutzbestimmungen, die jeder kennen sollte, der die Berufsberatung in Anspruch nimmt und eine betriebliche oder schulische Ausbildung anstrebt.

Der Berufskundeunterricht steht grundsätzlich allen **Lehr- und Lernformen** offen. Als berufskundespezifische Lehr- und Lernformen lassen sich neben der Fallstudie, dem Plan- und Rollenspiel (siehe V. 2.) insbesondere die *Berufserkundung* und das *Berufspraktikum* ausmachen. Als Berufserkundung respektive Berufspraktikum werden die/das unter berufskundlichem Aspekt betriebene Beriebserkundung (siehe dort!) beziehungsweise Betriebspraktikum (siehe dort!) verstanden.

---

[21] Ebenda S. 76 und 78.

[22] Vgl. Hablitzel, C. (Hrsg.), Berufswahl für Haupt- und Realschüler, 10. Aufl., München 1992, S. 22f.

Organisations- und Zeitplan für Schüleraktivitäten in Ergänzung zum Berufskundeunterricht

Zeitplan	Was ist zu tun?	Wer oder was informiert?	Was ist noch zu beachten?
2 Jahre vor Schulabschluß	Info-Material sammeln im Berufsinformationszentrum (BIZ), **Überblick über Berufsbereiche** gewinnen	BIZ-Schülerheft vom Arbeitsamt BIZ-Mediothek „Mach's richtig" vom Arbeitsamt	Sich nach **Ausbildungswegen** erkundigen, bei schulischer Ausbildung: Anschriften der Schulen sammeln
	In Schulbibliothek und Buchhandlung nach berufskundlicher Literatur fragen		Berufswahlunterricht in der Schule **intensiv nutzen**, IZ Informationszeitung der Berufsberatung
	Mit Erwachsenen über die beruflichen **Vorstellungen** und **Wünsche** sprechen	Eltern-Lehrer-Bekannte, die einen interessanten Beruf ausüben	Die regionale Zeitung: unter **Stellenanzeigen** – Ausbildungsangebote sammeln, „Beruf aktuell"**
		Firmen veranstalten Informationstage zur Berufsbildung	**Firmenprospekte** – einschlägige **Funk- und Fernsehsendungen**, „Blätter ter zur Berufskunde"***)
1 Jahr vor Schulabschluß	**Berufswünsche** konkretisieren, **Alternativen** überlegen	Berufsberatung kennt das regionale Angebot der Unternehmen, die ausbilden	**IHK** bzw. **Handwerkskammer** nennen die ausbildenden Firmen und die Form der Ausbildung
	STEP*) durcharbeiten und STEP-PLUS*) ausfüllen	Einschätzung der eigenen Fähigkeiten mit Eltern und Lehrern besprechen (Zeugnisnoten!)	STEP-PLUS*) an das Arbeitsamt senden, falls es nicht vom Lehrer gesammelt verschickt wird
	Zum Einzelgespräch bei der **Berufsberatung** anmelden	Berufsberater	Ergebnisse aus „STEP-PLUS"*) mitnehmen, evtl. einen **Eignungstest** machen
	Informationen über **Fachschulen** einholen	Berufsberater	frühzeitige Anmeldung notwendig
	Schulische **Leistungen** überprüfen und mit **Anforderungen** im Beruf vergleichen	Klassenlehrer und Fachlehrer	Evtl. **Förderkurse** mitmachen
1/2 Jahr vor Schulabschluß	**Betriebsbesichtigung** und **Betriebspraktikum** machen, Ferienjobs	Schule, Arbeitsamt, Tageszeitung, Firmen	
	Bewerbungen schreiben, sich auf Einstellungstest vorbereiten	Arbeitsamt vermittelt, Stellenanzeigen in der Tageszeitung	
	Wird **Ausbildungsvertrag** perfekt, Firmen benachrichtigen, bei denen Sie sich außerdem beworben haben	Handwerkskammer oder IHK	
	Ausbildungsvertrag abschließen	Merkblatt 11 vom Arbeitsamt****)	Prüfen, ob **Ausbildungsbeihilfe** beantragt werden kann
	Ärztliche Untersuchung	Personalleiter	Jugendarbeitsschutzgesetz
	Falls Bewerbungen erfolglos: • nach **Alternativen suchen** • nochmals **schulische Möglichkeiten** prüfen • nach einem „Job" zur Überbrückung suchen	Weiter mit dem Arbeitsamt in Verbindung bleiben	Auch wer keine Lehrstelle hat, muß zur **Berufsschule**. Wer einen Job annimmt, sollte einen **Arbeitsvertrag** abschließen und muß versichert sein.

(3) Kontrollfragen

(1) Inwiefern ist die Berufswahl als ein langfristiger Vorgang zu verstehen?

(2) Von welcher Absicht läßt sich die Berufswahlvorbereitung leiten?

(3) Welche Überlegungen/Umstände rechtfertigen eine Berufswahlvorbereitung?

(4) Durch welche Bereitschaft und Fähigkeit ist Berufswahlkompetenz gekennzeichnet?

(5) Welche Lernziele werden der Berufswahlvorbereitung vorgegeben?

(6) Durch welche Aktivitätsbereiche wird die Kooperation in der Berufswahlvorbereitung zwischen Bundesanstalt für Arbeit und Schule markiert?

(7) Welche Fähigkeiten impliziert Berufswahlreife?

(8) Welcher didaktischen Absicht entspringt die „Didaktische Matrix »Berufswahlunterricht«" von Dibbern/Kaiser/Kell?

(4) Weiterführende Literatur

Baumjohann, J., Farber, K., Reinartz, J., Berufswahlvorbereitung. Informationen-Arbeitsaufgaben-Fallbeispiele-Rollenspiele, 4. überarbeitete u. erweiterte Aufl., Köln 1991.

Dauenhauer, E., Der Berufskundeunterricht, Rinteln 1976.

Dibbern, H., Berufsorientierung, in: May, H. (Hrsg.), Lexikon der ökonomischen Bildung, 2. Aufl., München-Wien 1997.

Dibbern, H., Theorie und Didaktik der Berufsvorbildung, Baltmannsweiler 1993.

Dibbern, H., Kaiser, F.J., Kell, A., Berufswahlunterricht in der vorberuflichen Bildung, Bad Heilbrunn/Obb. 1974.

Friedrich, H., Berufsorientierung in: Kruber, K.P. (Hrsg.), Didaktik der ökonomischen Bildung, Baltmannsweiler 1994.

Hablitzel, C. (Hrsg.), Berufswahl für Haupt- und Realschüler, 10. Aufl., München 1992.

Steffens, H., Berufswahl und Berufswahlvorbereitung, Ravensburg 1975.

Vohland, U., Berufswahlunterricht, Theorie, Didaktik, Methode und Modelle, Bad Heilbrunn/Obb. 1980.

V.
METHODEN DER ÖKONOMISCHEN BILDUNG

Methoden sollen hier als Unterrichtsverfahren, das heißt als unterrichtliche Vorgehensweisen verstanden werden. Über Methoden wird Unterricht gestaltet. Methoden können deshalb auch als Gestaltungsweisen von Unterricht interpretiert werden.

Die für die Vermittlung ökonomischer Bildung bedeutsamen Methoden lassen sich vereinfachend in zwei Gruppen einteilen:

- die herkömmlichen (traditionellen) Unterrichtsverfahren und
- die schüleraktiven (handlungsorientierten) Unterrichtsverfahren.

1. Herkömmliche (traditionelle) Unterrichtsverfahren

Die herkömmlichen Unterrichtsverfahren umfassen im wesentlichen

- den Lehrvortrag und
- die fragend-entwickelnde Methode.

Ihre vertiefende Behandlung ist der allgemeinen Didaktik zuzuweisen. Es sei jedoch betont, daß auch im Bereich der ökonomischen Bildung nicht auf diese traditionellen Unterrichtsverfahren verzichtet werden kann. Allerdings bleibt gleichwohl festzustellen, daß der jegliche Schüleraktivität ausschließende **Lehrvortrag** sich leider außerstande zeigt, wertvolle – aus dem Miteinbezug von Schülern in das Unterrichtsgeschehen resultierende – Synergieeffekte zu nutzen. Dies gilt es bei einem von den Schülern nicht selten als „trocken" empfundenen Fach wie Wirtschaftslehre zu bedenken.

Die der Schüleraktivität mehr Rechnung tragende **fragend-entwickelnde Methode** wird wohl auch weiterhin – nicht zuletzt unter dem Diktat der knappen Zeit – das dominierende Unterrichtsverfahren bleiben. In Verbindung mit im Vorfeld der unterrichtlichen Auseinandersetzung vergebenen Erkundungsaufträgen oder Aspekterkundungen erlangt sie jedoch in der ökonomischen Bildung eine zusätzliche Rechtfertigung.

2. Schüleraktive (handlungsorientierte) Unterrichtsverfahren

Die Qualifizierung des Jugendlichen zum mündigen Wirtschaftsbürger erfordert neben den traditionellen Unterrichtsverfahren neue Formen des Vermittelns. Diese neuen Formen des Vermittelns fordern in verstärktem Maße die unterrichtliche Aktivität der Schüler und suchen fiktiv oder real die ausschnittsweise Begegnung mit der Wirtschaft.

Es lassen sich im wesentlichen folgende schüleraktive Unterrichtsverfahren ausmachen:

(1) Fallstudie,
(2) Rollenspiel,
(3) Planspiel,
(4) Projekt,
(5) Betriebserkundung und
(6) Betriebspraktikum.

Zu (1) Die Fallstudie

(a) Ursprung und Wesen der Fallstudie

Mit der Fallstudie (auch Fallmethode genannt) findet in der ökonomischen Bildung ein Unterrichtsverfahren Eingang, dessen Ursprünge ins frühe zwanzigste Jahrhundert zurückreichen. Bereits 1908 fand es an der Harvard Business School in Boston Eingang in den betriebswirtschaftlichen Seminarbetrieb. In Deutschland wurde die Fallmethode in den fünziger Jahren von Erich Kosiol an der Freien Universität Berlin aufgegriffen und in betriebswirtschaftlichen Studiengängen zum Einsatz gebracht. Kosiol verstand dieses Unterrichtsverfahren als „methodische Entscheidungsübungen auf Grund selbständiger Gruppendiskussionen am realen Beispiel einer konkreten Situation"[1]. – Für die allgemeinbildenden Schulen wurde die Fallstudie in den siebziger Jahren insbesondere von Franz-Josef Kaiser entdeckt und theoretisch wie auch praktisch über Unterrichtsmaterialien erschlossen. Kaiser erkennt die Fallmethode als ein Unterrichtsverfahren, das sich besonders eignet, „die komplexen wirtschaftlichen oder auch sozialen Sach- und Wertzusammenhänge eines konkreten Falles oder einer konkreten Situation geistig zu durchdringen. Das geschieht zumeist in Form einer Gruppendiskussion durch aktive, eigentätige Auseinandersetzung mit dem Problem, die schließlich eine Entscheidung herbeiführt"[2].

(b) Absichten und Zielsetzungen der Fallstudie

Zur Durchführung der Fallstudie in der Schulklasse werden zweckmäßigerweise Arbeitsgruppen von 4-6 Schülern gebildet. Diese Arbeitsgruppen studieren den (Problem-) Fall und sichten die diesem beigegebenen Materialien (wie z.B. Angaben, Übersichten, Gerichtsurteile, Pressestimmen, Gutachten, Zeugenaussagen), beschaffen sich nötigenfalls noch weitere Informationen und entwickeln Lösungsvorschläge. Über eine Diskussion derselben (mit Heraus- und Gegenüberstellung deren Vor- und Nachteile) ist schließlich eine Entscheidung für eine bestimmte Lösungsmöglichkeit zu treffen, die alsdann den anderen Gruppen vorgetragen und zur Diskussion gestellt wird.

---

[1] Kosiol, E., Die Behandlung praktischer Fälle im betriebswirtschaftlichen Hochschulunterricht (Case Method), Berlin 1957, S. 36.
[2] Kaiser, F.-J., Entscheidungstraining, Bad Heilbrunn, 1973, S. 39.

Der Lehrer hat sich bei der Fallmethode soweit wie möglich im Hintergrund zu halten. Ihm obliegt es, das Feld für eine fruchtbare Aktivität der Schüler zu bereiten und dort einzugreifen, wo die Schüler selbst nicht mehr weiterkommen. Seine eigene Meinung zum Problem oder zu dessen Lösung ist dabei nicht gefragt.

In Auseinandersetzung mit dem Fall sollen die Schüler unter anderem lernen, Probleme zu erkennen, vorhandene Informationen zu verarbeiten, sich zusätzliche Informationen zu beschaffen, Fragen zu formulieren und zu stellen, Informationen auszuwerten, Konflikte zu erkennen, Entscheidungen zu treffen, Lösungen zu entwicklen, diese vorzutragen und zu verteidigen und gegebenenfalls Fehler in der eigenen Argumentation einzusehen und dieselben zu revidieren. Damit zielt die Fallmethode in erster Linie auf Lernziele ab, die der praktischen Lebensbewältigung dienen. Die Vermittlung theoretischen Wissens ist nachgeordnet. „Die Vermittlung oder Erarbeitung von Wissen und Kenntnissen geschieht beim Lernen nach der Fallmethode gewissermaßen nebenher."[3]

(c) Aufbau und Ablauf der Fallstudie

Analog den Phasen des Entscheidungsprozesses hat Kaiser[4] die Fallstudie unterrichtlich wie folgt gestuft (siehe Übersicht 15):

Übersicht 15

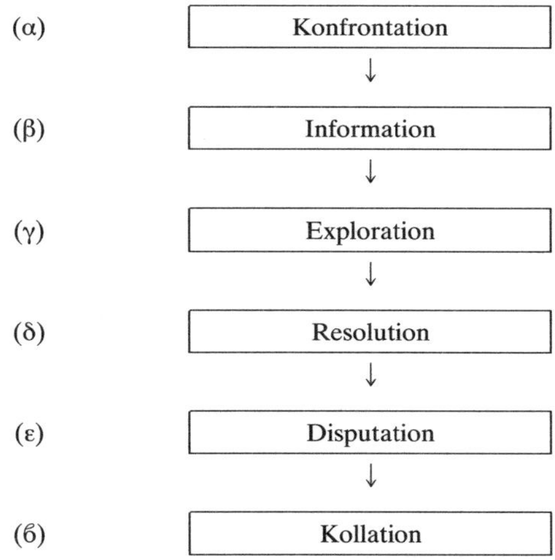

(α) | Konfrontation |
          ↓
(β) | Information |
          ↓
(γ) | Exploration |
          ↓
(δ) | Resolution |
          ↓
(ε) | Disputation |
          ↓
(δ) | Kollation |

---

[3] Kaiser, F.-J., Entscheidungstraining, a. a. O., S. 40.
[4] Vgl. ebenda S. 43 ff.

Zu (α) Konfrontation

In der Konfrontationsphase werden die Schüler mit einer bestimmten Situation, das ist der Fall, bekanntgemacht. Ihre Aufgabe ist es nun über eine **Situationsanalyse** das eigentliche Problem beziehungsweise die eigentlichen Probleme des Falles als solche(s) zu erkennen. Die Lösung dieser Aufgabe erfordert Bedeutsames von weniger Bedeutsamem und von Unbedeutsamen zu unterscheiden und damit Problembewußtsein zu entwickeln. Das/die mit der Situation vorgegebene(n) Problem(e) muß/müssen als solche(s) entdeckt werden.[5] Hierin liegt für die Schüler die Anfangsschwierigkeit. Aufgabe des Lehrers in diesem Zusammenhang ist es, die Schüler für einschlägige wirtschaftliche Probleme zu sensibilisieren.

Eine (möglichst) klare **Problemfassung** ist für die Schüler Voraussetzung für eine präzise **Zielformulierung**. Nur aus einer präzisen Zielformulierung kann schließlich, eine stringente Zielverfolgung (Fallbearbeitung) erwartet werden. Auf dieser Stufe der Fallstudie ist der Lehrer für die Schüler eine wichtige Anlaufstation für Fragen, Erläuterungen, Hinweise et cetera. Dieser Herausforderung hat dieser mit pädagogischem Geschick und Feingefühl zu entsprechen. Die Motivation der Schüler für eine Einarbeitung in den Fall und eine Lösung desselben wird nicht zuletzt von der gemeinsamen Bewältigung dieser Startphase abhängen.

zu (β) Information

In der Informationsphase sollen den Schülern die zur Bearbeitung beziehungsweise Lösung des Falles erforderlichen Informationen gegeben oder zugänglich gemacht werden. Hierbei ist es unverzichtbar, den Schülern mit den Informationen/dem Informationszugang auch geeignete Auswahl- und Verarbeitungskriterien anzubieten und damit einer erstickenden Überflutung durch Informationen vorzubeugen. „Der Lernende muß befähigt werden, sich in der Informationsfülle zurechtzufinden"[6] und sich deren wesentlicher Gehalte zu bedienen.

Es entspricht der pädagogischen Absicht der Fallstudie, daß die den Schülern mit dem Fall(material) unterbreiteten Informationen für die Entscheidungsfindung, das heißt für die Lösung des Falles, nicht ausreichen. Dieses Defizit soll die Schüler zwingen, die Informationslücken durch eigene Recherchen zu schließen. Diese Nachforschungen können auf folgenden Wegen betrieben werden:[7]

– **Die Schüler fragen den Lehrer**: Dies ist der wohl einfachste und kürzeste wie auch der am wenigsten zeitaufwendige Weg. Er sollte aber nicht zur „bequemen Tour" verkommen. Der Lehrer sollte hier die Gefahr der

---

[5] Vgl. ebenda S. 44.
[6] Ebenda S. 50.
[7] Siehe ebenda S. 51 ff.

bewußten oder unbewußten Lenkung sehen und sich deshalb vor einer Beeinflussung der Entscheidungsfindung hüten.

- **Die Schüler ziehen schriftliche Informationsquellen zu Rate:** Dies sind die vom Lehrer (speziell für die betreffende Fallstudie) bereitgestellten Informationsmaterialien sowie die in der Schule (Klassenpräsenzbibliothek, Schülerbibliothek, Lesesaal) (ständig) vorhandenen Informationsquellen (Bücher, Broschüren, Zeitungen, Zeitschriften, Nachschlagewerke, Gesetzestexte, Gesetzeskommentare, Archive, Dokumentationen, Datenbanken, Infotheken u. a.). Auf diese Informationsquellen und deren sachgerechte Nutzung ist zweckmäßigerweise vom Lehrer hinzuweisen. Es entspricht der pädagogischen Absicht der Fallstudie, daß sich die Schüler in der Auswertung solcher Informationsquellen üben. Dies setzt allerdings voraus, daß sie in die einschlägigen Techniken der Informationsgewinnung und -auswertung bereits eingewiesen wurden.

- **Die Schüler kontaktieren außenstehende Personen und/oder Einrichtungen**, wie beispielsweise Behörden, Verbände, Beratungsstellen, Erkundungsbetriebe, Unternehmen, Kammern, Eltern, Repräsentanten bestimmter Berufe und versuchen Antwort zu finden auf ihre fallspezifischen Fragen. Im Vorfeld dieses Tuns gilt es, mit den Schülern das Formulieren von Fragen einzuüben, Gesprächsprotokolle anzufertigen und nicht zuletzt eine möglicherweise vorhandene Kontaktscheuheit derselben zu überwinden.

Zu (γ) Exploration

Die der Information nachgeordnete Explorationsphase beinhaltet die Entwicklung von **alternativen** Lösungsmöglichkeiten. Alternative Lösungsmöglichkeiten bedeutet, daß die Bemühungen um eine Lösung des Falles sich **nicht** auf **eine** Möglichkeit beschränken, sondern auf **möglichst viele** verschiedene Möglichkeiten ausgerichtet sind. Diese Suche nach möglichst vielen Lösungswegen zwingt die Schüler, das Problem aus verschiedenen Perspektiven anzugehen und sich nicht mit der „erst besten" Lösung zu begnügen. So betrachtet, soll mit der Forderung nach und mit der Entwicklung von Alternativlösungen das **kreative Denken** der Schüler gefördert werden.

Dieses kreative Denken soll die Schüler über den schulischen Unterricht hinaus zur besseren Bewältigung ihrer späteren Alltagsprobleme (Lebensmeisterung) befähigen.

Zu (δ) Resolution

In der Resolutionsphase haben sich die Schüler für eine bestimmte Lösungsmöglichkeit zu entscheiden, das heißt, zwischen den alternativen Lösungsvarianten und deren Konsequenzen zu wählen. Hierfür ist es erforderlich, die als Lösungsvarianten in Betracht gezogenen Alternativen auf ihre Vor- und Nachteile hin zu untersuchen und diese einander gegenüberzustellen und zu vergleichen. Über eine solche **Konsequenzenanalyse** soll erreicht werden, daß die zu treffenden Entscheidungen nicht voreilig und unsachlich, sondern nach rationalen Gesichtspunkten erfolgen. Auf dieser Stufe der Fallstudie wird die sachliche Auseinandersetzung, das heißt der **Meinungsstreit**, bewußt als Mittel der Entscheidungsfindung eingesetzt.[8] Eine schriftliche Gegenüberstellung der Vor- und Nachteile (möglicherweise unübersehbar für alle Gruppenmitglieder auf einer Tafel!) sowie der Konsequenzen der verschiedenen Lösungsvarianten sollten im Zentrum der Auseinandersetzung stehen und so die Entscheidungssuche in pragmatischen Grenzen halten.

Die von den einzelnen (Schüler-)Gruppen gefundenen Entscheidungen sollten schließlich in **schriftlich** begründeter Form ihren Niederschlag finden.

Diese Arbeitsstufe dient den entscheidungsfindenden Schülergruppen nicht nur zur Selbstkontrolle, sie soll darüber hinaus auch eine eventuell später erforderlich werdende Kontrolle respektive Rekonstruktion des Entscheidungsprozesses erleichtern.

Zu (ε) Disputation

In der Disputationsphase tragen die einzelnen (Schüler-)Gruppen ihre meist unterschiedlichen Lösungen vor der Klasse vor und versuchen dieselben gegen die Einwendungen ihrer Mitschüler (außerhalb der eigenen Gruppe) zu verteidigen. Bei diesem Streitgespräch werden dann häufig Schwachpunkte in der Entscheidungsbegründung aufgedeckt. Dies liegt in der pädagogischen Absicht dieser Fallstudienstufe. In ihr sollen neue Problemperspektiven und -erkenntnisse ermöglicht werden, die eine Überarbeitung oder (Teil-)Korrektur der getroffenen Entscheidungen erfordern.

Das Gelingen der Disputationsphase wird in starkem Maße von der Bereitwilligkeit und dem Vermögen der Schüler abhängen, sich in einem disziplinierten Streitgespräch zu engagieren. Hierfür sind entsprechende Vorübungen (so u. a. Rede – Gegenrede, Widerspruch, Begründung, Widerlegung, Argumentation, Beweisführung) mit diesen unverzichtbar!

Im Interesse eines effizienten Ablaufes der Disputationsphase sollte in der Regel der Lehrer die Gesprächsleitung übernehmen. In Ausnahmefällen kann jedoch diese Funktion auch von einem souveränen Schüler übernommen werden. Für beide – Lehrer oder Schüler – gilt jedoch, daß sie sich in der Funktion des Diskussionsleiters bewußt zurückhalten müssen und lediglich ordnend eingreifen, das heißt die Disputation moderieren.

Zu (δ) Kollation

Auf der sechsten und letzten Stufe der Fallstudie werden die von den (Schüler-)Gruppen erarbeiteten Lösungen mit der in Wirklichkeit getroffenen Entscheidung verglichen. Dieser „Realitätslösung" kommt nun hierbei aber keineswegs der Charakter einer „Paradelösung" zu. Im Gegenteil, sie

---

[8] Vgl. auch ebenda S. 58.

soll vielmehr gleichfalls wie die Schülergruppenlösungen auf ihre Konsequenzen hin analysiert und mit diesen verglichen und beurteilt werden.

In dieser Phase der Fallstudie gilt es bei den Schülern die Erkenntnis zu evozieren, daß menschliche Entscheidungen mit menschlichen Unzulänglichkeiten behaftet sind und meistens nur zeitbedingt ihre Berechtigung haben. Eine unter den Gegebenheiten von heute getroffene Entscheidung kann deshalb schon morgen überholt sein. Der **Relativitätscharakter einer Entscheidung** muß deutlich werden!

(d) Kontrollfragen

(1) Von welchen Absichten und Zielsetzungen läßt sich die Fallstudie leiten?

(2) Nennen und beschreiben Sie die Stufen (Ablaufphasen) der Fallstudie nach Kaiser!

(3) Worin liegt für die Schüler auf der Stufe der Konfrontation die Anfangsschwierigkeit?

(4) Warum sollen die den Schülern mit dem Fallmaterial unterbreiteten Informationen für die Lösung des Falles nicht ausreichen?

(5) Warum sollen sich die Schüler in der Explorationsphase nicht auf *eine* Lösungsmöglichkeit beschränken?

(6) Was soll über die in der Resolutionsphase durchzuführende Konsequenzenanalyse erreicht werden?

(7) Worin sehen Sie die Gefahren der Disputationsphase?

(e) Weiterführende Literatur

Kaiser, F.-J., Entscheidungstraining. Die Methoden der Entscheidungsfindung, Fallstudie-Simulation-Planspiel, 2. Aufl., Bad Heilbrunn/Obb. 1976.

Kaiser, F.-J. (Hrsg.), Die Fallstudie. Theorie und Praxis der Fallstudiendidaktik, Bad Heilbrunn/Obb. 1983.

Keim, H. (Hrsg.), Planspiel, Rollenspiel, Fallstudie. Zur Praxis und Theorie lernaktiver Methoden, Köln 1992.

Kaiser, F.-J., Kaminski, H., Methodik des Ökonomie-Unterrichts. Grundlagen eines handlungsorientierten Lernkonzepts mit Beispielen, Bad Heilbrunn/Obb. 1994.

Prim, R., Stichwort: Fallstudie, in: May, H. (Hrsg.), Lexikon der ökonomischen Bildung, 2. Aufl., München-Wien 1997, S. 191–194.

Zu (2) Das Rollenspiel

(a) Wesen und Arten des Rollenspiels

Der schulische Einsatz des Spiels, insbesondere des Rollenspiels, als Erziehungs- und Lernmittel hat eine lange Tradition. Seine begeisterte Übernahme zur Verdeutlichung wirtschaftlicher Sach- und Problemverhalte in der ökonomischen Bildung der Haupt- und Realschule fällt in die frühen siebziger Jahre. Hier waren es vor allem Klaus Farber und Bernhard Wittmann, die mit eine Reihe von als Unterrichtsmaterialien verfaßten Rollenspielen ökonomische Alltagsprobleme thematisierten.

Im Rollenspiel erhalten bestimmte Schüler im Rahmen eines festgelegten Themas eine klar umrissene Rolle zugewiesen.

Beispiel: Mathias Lusch bewirbt sich kurz vor Abschluß der Hauptschule bei der Firma Neuhaus u. Söhne, Druck u. Verlag, um die Ausbildungsstelle eines Tiefdruckers (Thema). Das Rollenspiel umfaßt zwei Rollen, die Rolle des Personalleiters der Firma Neuhaus u. Söhne und die Rolle des Bewerbers. Die für diese Rollen ausgewählten Schüler sollen diese (Rollen) so spielen, wie sie vermuten beziehungsweise auf Grund der empfangenen Informationen annehmen dürfen, daß sich die darzustellenden Personen in der betreffenden Situation verhalten würden. Mathias Lusch trägt seine Bewerbung vor und gibt Auskunft auf die Fragen des Personalleiters, der sich von diesem „ein Bild zu machen" versucht.

In spielerischer Auseinandersetzung mit ihren Spielpartnern **sollen** die Schüler dabei **lernen**, sich in die Situation und Interessenlage derselben zu versetzen und in freier Rede sowie sachlicher Argumentation

– ihre eigenen Interessen zu vertreten,
– Konflikte auszutragen und
– Kompromisse zu finden.

Das Rollenspiel packt die zu bearbeitenden Sach- und Problemverhalte in einen **interaktiven Diskurs**. Ein Entscheidungsprozeß kann, muß aber nicht, damit einhergehen.

Sehen wir das Rollenspiel mit Wilfried Buddensiek als eine „soziale Interaktionsform in einer konstruierten, nicht ernsten Handlungssituation"[9], so setzt dies für die Handelnden vier **Grundqualifikationen** voraus:

– *„Kommunikative Kompetenz*: Fähigkeit, seine Absichten und Bedürfnisse so zu artikulieren, daß sie vom Interaktionspartner verstanden werden.
– *Rollendistanz*: Fähigkeit, von übernommenen Rollennormen Abstand zu gewinnen und sie bei veränderten Situationen zu hinterfragen und gegebenenfalls neu zu bestimmen,
– *Emphatie*: Einfühlungsvermögen, Fähigkeit, sich in die Lage eines Interaktionspartners zu versetzen und dessen Erwartungen zu erschließen.
– *Ambiquitätstoleranz*: Fähigkeit, divergierende Erwartungen und mehrdeutige Situationen zu ertragen und auch dann Interaktionen aufzunehmen, wenn die eigenen Bedürfnisse dabei nur in geringem Umfang befriedigt werden."[10]

Ein effizienter unterrichtlicher Einsatz des Rollenspiels wird deshalb in der Regel nicht darauf verzichten können, diese Qualifikationen – zumindest ansatzweise – als Einstiegsbedingung zu respektieren.

---

[9] Buddensiek, W., Artikel: Rollenspiel, in: Kaiser, F.-J. u. Kaminski, H. (Hrsg.), Wirtschaft, Handwörterbuch zur Arbeits- und Wirtschaftslehre, Bad Heilbrunn/Obb. 1981, S. 261.
[10] Ebenda S. 262.

Je nach unterrichtlicher Absicht läßt sich das Rollenspiel *spontan* (spontanes Rollenspiel) oder *angleitet* (angleitetes Rollenspiel) praktizieren. Das **spontane Rollenspiel** wird durch die momentane Anwandlung der Schüler, einen Sach-/Problemverhalt in Szene zu setzen, initiiert. Es findet im schulischen Unterricht nur in eng begrenztem Umfang Einsatz. – Das **angeleitete Rollenspiel** impliziert die wohl reflektierte, unter den Lernzielvorgaben geführte Regie des Lehrers. Dieser Form des Rollenspiels gilt unser nachfolgendes Interesse.

(b) Aufbau und Ablauf eines Rollenspiels

In Anlehnung an Farber/Wittmann empfiehlt sich, Rollenspiele mittels verschiedenfarbiger Karten (z.B. DIN A5 Querformat) zu programmieren. Als sinnvoll erweisen sich dabei: 2 Spielleiterkarten, Informationskarten in Klassenstärke, je eine Rollenkarte für jede vorgesehene Rolle, Ergebnis- und Aufgabenkarten in Klassenstärke, 1 Diskussionsleiterkarte.

Die *Spielleiterkarte* weist Programm und Ablauf des Spiels aus sowie die Arbeitsanweisungen an die Spieler und Zuschauer (Mitschüler) in den verschiedenen Spielphasen wie auch die angestrebten Arbeitsergebnisse. Die Spielleiterkarte kann als Regiekonzept verstanden werden. Für den Fall, daß der Lehrer die Spielleitung einem (dazu befähigten) Schüler überantwortet, verbleibt ihm eine zweite (Spielleiter-)Karte zur Überwachung des Spielablaufes und – falls erforderlich – zu entsprechenden Interventionen.

Die *Informationskarten* werden an sämtliche Schüler (Spieler und Nichtspieler) verteilt. Sie beinhalten den vorgegebenen Sach- und Problemverhalt und führen die Schüler über diesen in die Thematik des Rollenspiels ein.

Die *Rollenkarten*, die an die einzelnen Spieler verteilt werden, weisen deren Rollen und die diesen eigenen Standpunkte, Argumente und Gegenargumente aus. Provokative Akzentuierungen bis Überspitzungen einzelner Positionen gelten dabei (in geschickter Dosierung) didaktisch als erwünscht.

Nach dem szenischen Abschluß werden die *Ergebnis- und Aufgabenkarten* (1 Karte: die Vorderseite weist das Ergebnis des Rollenspiels, die Rückseite Aufgaben zu diesem aus) verteilt. Die Ergebnisseite bringt eine Zusammenfassung des im Rollenspiel thematisierten Sach- und Problemverhaltes und die über dessen Abhandlung erreichten Lernziele. Darüber hinaus gibt sie ergänzende und erweiternde Informationen zum Thema. Eine Sicherung und Vertiefung der Arbeitsergebnisse werden über die Lösung von Aufgaben nach der Aufgabenkarte angestrebt.

Die *Diskussionsleiterkarte* gibt dem Moderator (einem Schüler) die zur Führung des Gesprächs im Plenum (Diskussionsphase) erforderlichen Hinweise.

Für die unterrichtliche Gliederung des Rollenspiels schlagen Farber/Back-haus[11] folgenden **Spielablauf** vor (siehe Übersicht 16):

Übersicht 16

Ablaufdiagramm des Rollenspiels

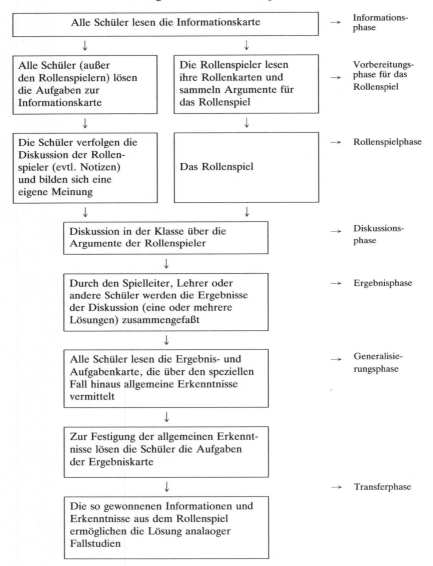

11 Farber, K., und Backhaus, J., Lehrerbegleitheft zum Rollenspiel Nachfrage – Preis – Ange-
    bot, hrsgg. von Klaus Farber und Bernhard Wittmann, Dortmund 1972, S. 7.

Die hier aufgeführten 8 Spielphasen lassen sich in 3 Hauptphasen **verdichten**. Die beiden ersten Phasen (Information und Vorbereitung) lassen sich zur **Vorbereitung** zusammenfassen. Es folgt das **Rollenspiel** selbst (Rollenspielphase) gefolgt von der **Nachbereitung** (Diskussion, Zusammenfassung und Generalisierung).

(c) Kontrollfragen/Arbeitsaufgabe

(1) Was sollen die Schüler über Rollenspiele lernen?
(2) Welche qualifikatorischen Voraussetzungen sind an den interaktiven Diskurs des Rollenspiels geknüpft?
(3) Wie unterscheiden sich *spontanes* und *angeleitetes* Rollenspiel?
(4) Skizzieren Sie Aufbau und Ablauf eines Rollenspiels nach Farber u. a.!
(5) Worin sehen Sie die Stärken und Schwächen des Rollenspiels?

(d) Weiterführende Literatur

Kaiser, F.-J., Entscheidungstraining. Die Methoden der Entscheidungsfindung, Fallstudie – Simulation – Planspiel, 2. Aufl., Bad Heilbrunn/Obb. 1976.
Keim, H. (Hrsg.), Planspiel, Rollenspiel, Fallstudie. Zur Praxis und Theorie lernaktiver Methoden, Köln 1992.
Kaiser, F.-J., Kaminski, H., Methodik des Ökonomie-Unterrichts. Grundlagen eines handlungsorientierten Lernkonzepts mit Beispielen, Bad Heilbrunn/Obb. 1994.
Prim, R., Stichwort: Rollenspiel, in: May, H. (Hrsg.), Lexikon der ökonomischen Bildung, 2. Aufl. München-Wien 1997, S. 421-424.

Zu (3) Das Planspiel

(a) Ursprung und Wesen des Planspiels

Der Ursprung des Planspiels ist im militärischen Bereich auszumachen, wo bereits im 17. und 18. Jahrhundert kriegerische Strategien im Plan antizipiert und danach durchgespielt wurden. Weiterentwickelt wurde diese Primitivform des militärischen Planspiels durch von Reisswitz im sogenannten Sandkastenspiel , das den landschaftlichen Gegebenheiten durch Geländenachbildung (im Sandkasten) zu entsprechen versucht. – Eine zunehmende Differenzierung der militärischen Planspieltechnik – insbesondere unter Einbezug wirtschaftlicher Faktoren – läßt sich im 20. Jahrhundert konstatieren.

Die Adaption der im militärischen Bereich entwickelten Planspielmethode für rein ökonomische Zwecke verdanken wir der American Management Association (AMA). Mitte der fünfziger Jahre kreierte sie das erste Unternehmensplanspiel (management game) zur Managementschulung. Universitäten und andere Bildungseinrichtungen sowie Wirtschaftsverbände und Großunternehmen griffen diese Lehr- und Lernmethode begeistert auf und verfeinerten sie stetig. Die pägagogische Attraktivität dieses Verfahrens wird darin gesehen, daß die Lernenden in spielerischer Auseinandersetzung mit einem Sach-/Problemverhalt und unter Übernahme klar umrissener Rollen gezwungen werden, Entscheidungen zu treffen.

Allgemein gefaßt können wir das wirtschaftliche Planspiel als ein Lehrverfahren bezeichnen, „das dem Lernenden Gelegenheit gibt, Entscheidungen für ein wirklichkeitsbezogenes, periodengegliedertes Zeitablaufmodell zu treffen und die Qualität der Entscheidungen auf Grund der quantifizierten Periodenergebnisse zu überprüfen"[12].

Für den Einsatz in allgemeinbildenden Schulen lassen sich im wesentlichen zwei Gattungen von Planspielen unterscheiden: das Unternehmensplanspiel und das Verbraucherplanspiel.

Während sich das **Unternehmensplanspiel** hauptsächlich auf betriebswirtschaftliche Sach- und Problemverhalte konzentriert, stehen beim **Verbraucherplanspiel** vorrangig verbraucherwirtschaftliche Themen im Blickpunkt des Interesses.

Beispiel für ein Unternehmensplanspiel: 3 Spieler / Spielergruppen erhalten je ein in bestimmter Weise ausgestattetes Wertpapierdepot sowie ein bestimmtes Bankguthaben zu ihrer Disposition. Ihre Aufgabe ist es – unter Berücksichtigung der sich durch ökonomische (z. B. Änderung von Wertpapierkursen, Änderung von Wechselkursen, Änderung von Zinssätzen, konjunkturelle Instabilität) und außerökonomische (z. B. Abwahl / Erkrankung des Regierungschefs eines wirtschaftlich verbundenen Staates) Umstände ändernden Marktsituationen – durch entsprechende An- und Verkäufe ihren Gewinn innerhalb einer bestimmten Zeitspanne zu maximieren.

Durchgängiges Element eines jeden Planspiels ist ein **Simulationsprozeß**, der typischerweise auf zwei Komponenten aufgebaut ist: dem Modell und dem Spiel.[13]

Das **Modell** beinhaltet eine Auswahl der für bedeutsam erachteten Faktoren (z. B. Kapitalausstattung, Anzahl der Produkte, Produktqualität, Beschäftigte, Produktpreise, Werbung, Absatzmärkte u. a. m.) einer ökonomischen Realität (z. B. Unternehmen, privater Haushalt), um diese vereinfacht aber dennoch sinnvoll nachzubilden. Das Modell ist damit reduzierte (d. h. didaktisch verkürzte) Wirklichkeit. Dennoch erlaubt diese eingeschränkte Wirklichkeit dem Planspieler in eine durch Gewißheiten, Wahrscheinlichkeiten und Umgewißheiten gekennzeichnete Zukunft zu agieren. Dort, wo sich die Zukunft als nicht abschätzbar und damit als nicht kalkulierbar erweist, ist der Akteur – ähnlich dem entsprechenden Wirtschaftssubjekt in der Wirklichkeit – gezwungen, auf Überraschungen spontan zu reagieren, das heißt zu improvisieren. Die Qualität des Planspiels steht und fällt mit der Auswahl der die Realität abbildenden Daten. Didaktische Reduktion (der Wirklichkeit) und (angestrebte) Wirklichkeitsnähe bilden hier – wie in jeder Modellbetrachtung – einen nicht leicht zu meisternden Konflikt. Mit den aufgezeigten Festlegungen markiert das Modell den Spielrahmen.

---

[12] Grimm, W., Das Unternehmensplanspiel. Wirtschafts- und sozialpolitische Grundinformationen IV, Nr. 32, Köln 1968, S. 7.

[13] Vgl. hierzu und zum folgenden Kaiser, F.-J., Kaminski, H., Methodik des Ökonomie-Unterrichts, a. a. O., S. 164 f.

Über das in Zeiteinheiten/Perioden gegliederte **Spiel** wird der im Modell vorgegebene Sach-/Problemverhalt dynamisiert. Die (Plan-)Spieler treffen im Rahmen der von ihnen übernommenen Rollen nach den vom Spielleiter fortwährend gelieferten Informationen (Daten, Datenänderungen, Prognosen u. a.) Entscheidungen (so in Anknüpfung an das vorgenannte Beispiel: über den An- u./oder Verkauf von Wertpapieren) und verändern damit nicht nur die ursprünglich statische (Ausgangs-)Situation (des Spieles), sondern kontinuierlich auch die nachfolgenden, in der Regel mehr oder weniger kurzlebigen (Spiel-)Zustände, (d.h. die Spielrealität). Das Planspiel offenbart sich damit als eine Folge wechselnder Situationenn auf die die Spieler/-gruppen möglichst optimal reagieren sollen. Neben dem entsprechenden Problembewußtsein und Faktenwissen sind hierfür Umsicht und Flexibilität die vorrangigen Erfordernisse.

(b) Verlaufsstruktur des Planspiels

Wie die vorausgehenden Darlegungen deutlich machen, sind „Planspiele als Simulationen von Entscheidungsprozessen im Rahmen und in den Begrenzungen einer periodengegliederten Zeit"[14] zu verstehen. Diese Periodengliederung des Planspiels erlaubt es und läßt es zweckmäßig erscheinen, die Spielergebnisse der einzelnen Spieler/-gruppen am Ende einer jeden (Spiel-)Periode zu ermitteln und daraufhin die diesen zugrunde liegenden Entscheidungen und Vorgehensweisen zu überdenken. Es eröffnet sich über diese Reflexionsphase die Möglichkeit, Entscheidungen und Vorgehensweisen für/in die/der nächste(n) Spielperiode über Rückkopplungsprozesse (Rückmeldung) zu verändern. Mit diesen Feststellungen wird deutlich zwischen dem **Aktionsbereich** der Spieler und dem **Reaktionsbereich** des Spielmodells unterschieden. Der Aktionsspielraum der Spieler wird durch das mittels der Spielregeln normierte Spielmodell begrenzt.

Den Regelkreis des Spielprozesses, der sich aus dieser Bezogenheit von Spielern und Spielmodell ergibt, hat W. Rohn wie folgt veranschaulicht (siehe Abbildung 17):

---

[14] Ebenda S.165.

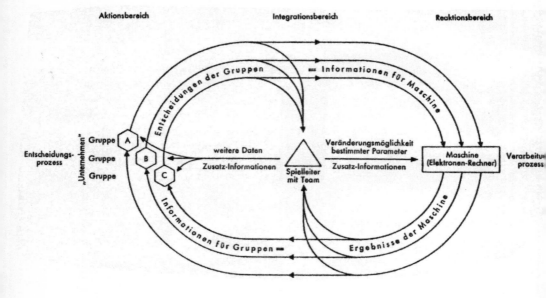

Der Regelkreis des Spielprozesses (Informationsfluß in einem Spiel mit drei Gruppen)

Abb. 17 Entnommen aus: Rohn, W., Führungsentscheidungen im Unternehmensplanspiel,
Essen 1964, S. 12.

Die in einer Planspielperiode aufeinander folgenden Schritte (Phasen) lassen
sich in Anlehnung an H. Koller wie folgt verdeutlichen (siehe Übersicht 18):

Die hier aufgezeigten Spielphasen lassen sich in 3 **Hauptphasen** verdichten:
in die Phase der **Vorbereitung** (Studium und Analyse der Ausgangssituation
sowie des formalen Rahmens des Planspiels, Zielvorgabe, Rollenzuwei-
sung), die **Spielphase** (erste Spielphase u. alle weiteren Spielphasen) sowie
die **Reflexionsphase** (Auswertung, kritische Überprüfung der getroffenen
Annahmen, Entscheidungs- und Konsequenzenanalyse, Modell-Realitäts-
vergleich, Soll-Ist-Vergleich).

Nach gründlicher Vorbereitung (möglicherweise wird nach der ersten
Spielphase und den fort auftauchenden Unsicherheiten ein nochmaliger verbesserter Einstieg [Nachbesserung der Erstvorbereitung!] nötig) wird sich
das Planspiel auf Spielphase und Reflexionsphase – in ständigem Wechsel bis
zum festgesetzten Ende – reduzieren.

Übersicht 18 Mit Abänderungen entnommen aus: Koller, H., Simulation und Planspieltechnik, Wiesbaden 1969, S. 101.

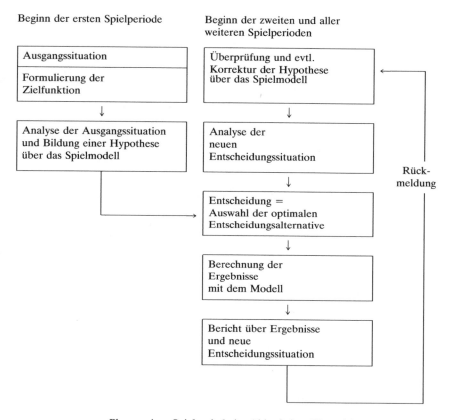

Phasen einer Spielperiode im Ablauf eines Planspieles

(c) Kontrollfragen

(1) Worin besteht die pädagogische Attraktivität des Planspiels?

(2) Inwiefern sind Planspiele Simulationen von Entscheidungsprozessen?

(3) Inwiefern läßt sich das Planspiel als ein periodengegliederter Prozeß bezeichnen?

(4) In welche (Haupt-)Phasen läßt sich das Planspiel gliedern?

(5) Worin sehen Sie die Stärken und Schwächen des Planspiels?

(d) Weiterführende Literatur

Kaiser, F.-J., Entscheidungstraining. Die Methoden der Entscheidungsfindung, Fallstudie-Simulation-Planspiel, 2. Aufl., Bad Heilbrunn/Obb. 1976.

Keim, H. (Hrsg.), Planspiel, Rollenspiel, Fallstudie. Zur Praxis und Theorie lernaktiver Methoden, Köln 1992.

Kaiser, F.-J., Kaminski, H., Methodik des Ökonomie-Unterrichts. Grundlagen eines handlungsorientierten Lernkonzepts mit Beispielen, Bad Heilbrunn/Obb. 1994.

Prim, R., Stichwort: Planspiel in: May, H. (Hrsg.), Lexikon der ökonomischen Bildung, 2. Aufl., München-Wien 1997, S. 380–382.

Zu (4) Das Projekt

(a) Ursprung und Wesen des Projekts

Die Bezeichnung „Projekt" für das hier zu behandelnde Unterrichtsverfahren rekurriert auf C.R. Richards, der diese im Jahre 1900 als Direktor der Abteilung für Werkerziehung am Teachers College der Columbia University für die selbständige Lösung von Arbeitsaufgaben im Werkunterricht wählte.[15] Mit Richards sind H. Dewey, W.H. Kilpatrick wie auch D. Snedden als die maßgeblichen Pioniere dieser neuen Lehrmethode auszumachen. Wenn sie auch teilweise in Einzelaspekten zu unterschiedlichen Ausformungen des Projektbegriffes gelangten, waren sie sich im Grundsätzlichen einig. Die Definition von N.L. Bossing, einem Mitarbeiter von Dewey, bringt das Wesen der Projektmethode auf den Punkt: „Das Projekt ist eine bedeutsame praktische Tätigkeit, die Aufgabencharakter hat, von den Schülern in natürlicher Weise geplant und ausgeführt wird, die Verwendung physischer Mittel in sich begreift und die Erfahrung bereichert."[16]

Im deutschsprachigen Raum wurde die Diskussion über die Projektmethode durch die Reformpädagogen sowie die Arbeitsschulbewegung aufgegriffen, so insbesondere durch G. Kerschensteiner, H. Gaudig, O. Haase, B. Otto, P. Oestereich.

Eine Renaissance und Weiterentwicklung erlebte die Projektmethode in Europa und speziell in der Bundesrepublik Deutschland in den späten sechziger und siebziger Jahren.[17] Hier waren es vorrangig sozialistische Reformbestrebungen in Richtung „alternative Schule" (Neugestaltung der Hauptschule u. gymnasialen Oberstufe, Gesamtschule), die dieses Lehr- und Lernverfahren leidenschaftlich promovierten. Durch praxis- und handlungsorientierten Unterricht sollte das traditionelle, theoretisch ausgerichtete, rezeptive Lernen überwunden und damit die Schulen lebensnah und ganzheitlich gestaltet werden.[18]

Auch wenn eine Literaturanalyse zur Projektmethode eine Vielzahl von autorenspezifischen Eigenheiten ausweist, so lassen sich dennoch – auch wenn die verwendeten Termini nicht immer einheitlich sind – gewisse Projektmerkmale fast durchgängig ausmachen. Kaiser/Kaminski[19] haben fünf solcher **Projektmerkmale** festgehalten:

---

[15] Vgl. hierzu und zum folgenden Bossing, N.L., Die Projekt-Methode, in: Kaiser, A. u. Kaiser, F.-J., (Hrsg.), Projektstudium und Projektarbeit in der Schule, Bad Heilbrunn/Obb. 1977, S. 113 ff.

[16] Ebenda S. 119.

[17] Siehe hierzu Frey, K., Die Projektmethode, Weinheim-Basel 1982.

[18] So auch Kaiser, F.J., Kaminski, H., Methodik des Ökonomie-Unterrichts, Bad Heilbrunn/ Obb. 1994, S. 269.

[19] Vgl. ebenda S. 276 ff.

– *Produkt- und Handlungsorientierung*
Unter dieser Ausrichtung soll das Projekt sicherstellen, daß sich der (bei
den Schülern) angestrebte Erkenntnisgewinn über die Erstellung eines
Produktes oder die Erbringung einer Dienstleistung einstellt. Arbeit
wird damit zur Grundlage der Erfahrung respektive des Lernens.

– *Interdisziplinarität*
Über diese Eigenschaft des Projekts soll gewährleistet werden, daß sich
in dieses eingebundenes Lernen nicht aus der Enge einzelner Fächer ge-
biert, sondern aus dem Zusammenspiel verschiedener. Die Komplexität
von Projektthemen verbindet nämlich in der Regel mehrere Fachaspek-
te, so insbesondere (betriebs-)wirtschaftliche, technische, rechtliche, soziale, politische, künstlerische, rechnerische/mathematische, physikali-
sche, chemische. Diese Tatsache macht es erforderlich, daß die bei entsprechenden Projekten thematisch involvierten Fächer kooperieren.

– *Schülerorientierung*
Diesem Erfordernis des Projekts zufolge sollen die Interessen und Bedürfnisse der in ihm befaßten Schüler in gebührender Weise berücksichtigt werden (vgl. hierzu auch die unter (b) zum Punkt „Zielfindung" getroffenen Feststellungen). Diese Ausrichtung darf allerdings nicht dazu
verführen, den Schülern „freie Hand" in der Wahl von Projektthemen
und den diesen zuzuordnenden Entscheidungen zu geben. Der Lehrer
kann trotz Schülerorientierung nicht aus der Verantwortung entlassen
werden, Schülervorschläge auf ihre Tauglichkeit zu prüfen und gegebenenfalls gutzuheißen oder zu verwerfen. Sein pädagogisches Geschick
wird sich darin beweisen, möglichst unauffällig im erforderlichen Umfang zu leiten.

– *Situations- und Gesellschaftsbezug*
Mit dieser Forderung wird die Auffassung vertreten, daß sich Schüler-
orientierung letzlich nur dann positiv in der Projektarbeit entfalten
kann, „wenn die besondere Situation der Klasse, der Gemeinde, der
Region usw. berücksichtigt wird"[20]. Dies kann – im Verständnis der Au-
toren – dadurch geschehen, daß Projekte gesellschaftliche Probleme auf-
greifen und damit auf diese aufmerksam machen (z.B. durch einen Info-
Stand, eine Ausstellung, eine Video-Show) oder eine von bedeutsamen
Personenmehrheiten (z.B. von der Projektgruppe selbst, der Klasse, der
Schule, der Gemeinde, der Region) geschätzte Leistung (z.B. die Anlage eines Trimm-Dich-Pfades) erbringen.

– *Gemeinsame Organisation von Lernprozessen*
Im Verständnis dieser Vorgabe **müssen** die Schüler an der Zielfindung,
Planung, Organisation, Durchführung und Beurteilung des Projekts beteiligt werden. Diese Beteiligung kann sich in unterschiedlichen Maßen
gestalten, je nach Schwierigkeit des Vorhabens und Projekterfahrenheit
der Teilnehmer. Diese Vorgabe besagt keinesfalls, daß sich der Lehrer
total aus dem Projekt herauszuhalten hätte. Im Gegenteil, das Projekt

---

[20] Ebenda S.278.

wird durch selbige (Vorgabe) als eine **gemeinsame** Veranstaltung von Lehrer und Schülern anerkannt.

Die weitverbreitet anzutreffende Gepflogenheit, zum Schuljahresende sogenannte Projektwochen abzuhalten, hat größtenteils kaum etwas mit der hier angesprochenen Projektmethode gemein. Es handelt sich dabei meist um didaktisch wenig geplante und strukturierte Schulfreizeitveranstaltungen, die das Signum Projekt in unbeberechtigter Weise für sich in Anspruch nehmen.

Der Terminus „Vorhaben" wird häufig synonym zu „Projekt" verwendet.

(b) Verlaufsstruktur von Projekten

Weitgehend übereinstimmend wird in der einschlägigen Literatur der Verlauf von Projekten in vier Phasen gegliedert: Zielfindung, Planung, Durchführung, Beurteilung.

Zielfindung: Was soll getan (unternommen) werden? Diese Frage soll auf dem Hintergrund der lehrplanmäßigen Vorgaben unter Einbezug der Schüler und unter Berücksichtigung deren Interessen und Möglichkeiten beantwortet werden. Der Lehrer hat die Aufgabe, Wünsche und Möglichkeiten zur Deckung zu bringen. Von seinem Geschick dabei wird vieles im weiteren Verlauf des Projektes abhängen, insbesondere die Motivation und das Engagement der Schüler, die beide in starkem Maße aus deren Identifikation mit der gestellten Aufgabe erwachsen. Mit der Zielsetzung werden die Soll-Werte des Projektes fixiert.

Planung: Was soll wann von wem getan werden? Diese Frage impliziert die Antizipation der mit der Durchführung des Projekts anfallenden Teilaufgaben, deren zeitliche Ordnung sowie deren persönliche/gruppenmäßige Zuordnung. Die Planung hat in der Regel zweckmäßigerweise schriftlich zu erfolgen und mit in der Verantwortung der Schüler zu stehen. Dies schließt nicht aus, daß der Lehrer, die Planungsaktivitäten der Schüler auf ihre Richtigkeit und Vollständigkeit hin überwacht und falls erforderlich entsprechende Hinweise und Anregungen gibt, oder besser: die Schüler selbst durch geschickte Fragen auf die notwendige Erkenntnis stoßen läßt.

Im Dienste der Planung steht die **Organisation**. Sie muß unbedingt mit in die Vorbereitung des Projektes eingehen. Ihr Ziel ist die Herstellung einer strukturierten Ordnung, die die Vielzahl der unterschiedlichen Projektaufgaben zu einer funktionsfähigen Einheit verbindet. (So werden einerseits im Rahmen der *Aufbauorganisation* die Beiträge der einzelnen Aufgabenträger zur Realisierung des Projektzieles klar umrissen und herausgestellt, während andererseits in der *Ablauforganisation* die räumliche und zeitliche Ordnung der Arbeitsabläufe erfolgt.) Voraussetzung für solche Regelungen ist jedoch, daß es sich bei den zu organisierenden Vorgängen um *gleichartige und wiederkehrende* handelt.

Durchführung: In dieser Phase des Vorhabens wird das Projektziel verwirklicht. Hier zeigt es sich inwieweit die Vorarbeiten (Planung und Organisation) zureichend waren. Die (strikte) Einhaltung der Pläne (soweit diese fehlerfrei aufgestellt wurden!) ist notwendig. Soweit es den Schülern nicht gelingt, die Plandisziplin zu wahren, sollte der Lehrer sich nicht scheuen, dieselbe anzumahnen respektive regulierend einzugreifen. Selbstverständlich kommt auch hier einer Einsicht der Schüler Vorrang zu vor einer „gehorsamen" Befolgung von Anweisungen. – Auch in der praktischen Bewältigung der Projektaufgaben wird es zuweilen nicht ohne Ratschläge und Hilfestellung des Lehrers gehen. Deshalb gilt auch hier der vorgenannte Grundsatz (Einsicht vor Befolgung!).

Pädagogisch von besonderem Interesse ist – worauf Bossing ausdrücklich hinweist – das Vorhaben auch tatsächlich durchzuziehen. „Der Schüler sollte den praktischen Wert des Durchstehens einer Sache erfahren, was immer es auch kosten mag."[21] Die sich gegebenenfalls einstellende Freude über das vollende Werk (Werkstolz) muß als ein in die Zukunft wirkendes Stimulans erkannt und genutzt werden.

Beurteilung: Sie beinhaltet den Soll-Ist-Vergleich des durchgeführten Projekts. Die in der Zielsetzung fixierten Soll-Werte werden dem Ergebnis (das sind die Ist-Werte) gegenüber gestellt und die Abweichungen konstatiert. Wo die Kritik des Werkes anzusetzen hat und welche Bedeutung ihr zukommt, kann den Schülern – falls erforderlich – durch Beurteilungskriterien und Beurteilungsmaßstäbe vorgegeben werden. – Allgemein jedoch gilt, daß der Schüler/die Schülergruppe lernen soll, eigenständige Selbstkritik zu entwickeln und konstruktive Verbesserungsvorschläge zu machen. Bossing[22] schlägt in Anlehnung an E. Collings vier Schritte im Verfahren der Beurteilung von Projekten vor:

„*Erstens.* Vorschläge für Änderungen an dem, was getan worden ist, durch Zusätze, Weglassungen, Veränderungen usw. oder Ergänzung derjenigen Teile des Planes, die aus irgendeinem Grunde vernachlässigt worden sind.

Zweitens. Beurteilung der Verbesserungsvorschläge, wie sie ausgeführt werden könnten, ob sie im Augenblick ausführbar oder wünschenswert sind.

Drittens. Gelegenheit, ein Urteil abzugeben für oder gegen vorgeschlagene Verbesserungen.

Viertens. Tatsächliche Ausführung der Verbesserungen, wo sie für notwendig gehalten werden."

(c) Kontrollfragen

(1) Durch welche pädagogischen Strömungen wurde die Projektmethode maßgeblich getragen?
(2) Durch welche Merkmale ist das Projekt nach Kaiser/Kaminski gekennzeichnet?
(3) Welcher Verlaufsstruktur folgen Projekte typischerweise?

---

[21] Bossing, N.L., Die Projekt-Methode, a.a.O., S.127.
[22] Ebenda S.128.

(4) Worin sehen Sie die Stärken und Schwächen der Projektmethode?

(d) Weiterführende Literatur

Kaiser, A., Kaiser, F.J. (Hrsg.), Projektstudium und Projektarbeit in der Schule, Bad Heilbrunn/Obb. 1977.

Kaiser, F.J., Kaminski, H., Methodik des Ökonomie-Unterrichts. Grundlagen eines handlungsorientierten Lernkonzepts mit Beispielen, Bad Heilbrunn/Obb. 1994.

Kaminski, H., Stichwort: Projektmethode, in: May, H. (Hrsg.), Lexikon der ökonomischen Bildung, 2. Aufl., München-Wien 1997, S. 390–394.

Zu (5) Die Betriebserkundung

(a) Ursprung und Wesen der Betriebserkundung

Sehen wir schulisch organisierte und durchgeführte Betriebsbesuche als die Vorläufer von Betriebserkundungen, so lassen sich diese nach Beinke[23] für die Realschule bis ins 18. Jahrhundert zurückverfolgen. Sie wurden, wie A. Timm[24] nachweist, zur Orientierung über praktische berufliche Tätigkeiten durchgeführt. In dieser Ausrichtung gewannen die betrieblichen Einsichtnahmen mit der fortschreitenden Arbeitsteilung und der damit verbundenen Verdrängung der Produktions- und Verteilungsprozesse aus dem Erlebnishorizont der Schüler zunehmende Bedeutung.[25] *Betriebsbesichtigungen* werden damit zu einem didaktischen Instrument, die wirtschaftliche Realität in den Unterricht hereinzuholen.

Es zeigte sich jedoch sehr rasch, daß die Komplexität betrieblicher Wirklichkeit den angestrebten Erkenntnisgewinn nicht unerheblich behinderte. (Die Schüler sahen sehr oft „vor lauter Bäumen den Wald nicht mehr"!) Die wohl einzig richtige didaktische Konsequenz dieser Erfahrung war, die bislang globalen Betriebsbesichtigungen auf *aspekthafte Betriebserkundungen* zu reduzieren. „»Erkunden« heißt in diesem Zusammenhang: unter bestimmten Fragestellungen in methodisch durchdachter Form in einem bestimmten Wirklichkeitsbereich (hier: in Produktions- oder Dienstleistungsbetrieben oder in Verwaltungsinstitutionen) Informationen einzuholen, um ausschließlich mit Hilfe der so gewonnenen Informationen jene Ausgangsfragen zu beantworten und die Teilantworten zu einem (kleineren oder größeren) Erkenntniszusammenhang weiterentwickeln zu können."[25]

Die Aspekte, unter denen Betriebserkundungen (sogenannte **Aspekterkundungen**) sinnvollerweise durchgeführt werden, sind im wesentlichen folgende[26]:

---

[23] Vgl. Beinke, L. (Hrsg.), Betriebserkundungen, Bad Heilbrunn/Obb. 1980, S. 7.

[24] Vgl. Timm, A., Kleine Geschichte der Technologie, Stuttgart 1964, S. 31–54.

[25] Klafki, W., Unterrichtsbeispiele zur Hinführung zur Wirtschafts- und Arbeitswelt, Düsseldorf 1970, S. 86.

[26] Siehe hierzu die zusammenfassende Darstellung bei Steinmann, B., Erkundungen ökonomischer Realität. Theoretische Grundlegung und schulische Anwendung, Essen 1982, S. 12 f.

– **berufskundlicher Aspekt**. Er fügt sich der Absicht, die Schüler durch Einblicke in die Berufs- und Arbeitswelt auf ihre Berufswahl vorzubereiten. In diesem Zusammenhang sind von besonderem Interesse: Berufsfelder und Berufsbereiche sowie einschlägige Berufe, Tätigkeiten und Arbeitsplätze, Formen und Möglichkeiten der Aus- und Weiterbildung sowie der Umschulung, Anstellungsmerkmale (gelernt, angelernt, ungelernt), Berufsanforderungen, Erkennen der eigenen Interessen, Neigungen, Fähigkeiten, Dispositionen sowie persönliche Defizite und Indispositionen, Aussichten für bestimmte Berufe und anderes.

– **funktionaler Aspekt**. Unter dieser Blickrichtung sollen die Schüler wirtschaftlich-technische und organisatorische Abläufe und Zusammenhänge eines Betriebes kennenlernen, so insbesondere Betriebsaufbau, Betriebsablauf, Funktionsgliederungen, Produktionsverfahren, Arbeitsabläufe, Arbeitsteilung, Kooperation, technische Abhängigkeiten und anderes mehr.

– **sozialer Aspekt**. In dieser thematischen Ausrichtung können die Schüler Einblicke in die Sozialordnung eines Betriebes gewinnen, so insbesondere in die betrieblichen Arbeitsbedingungen, die Entlohnungsformen, die Interessenvertretung der Arbeitnehmer und anderes mehr.

Je nachdem diese Aspekterkundungen von einzelnen Schülern oder von mehr oder weniger großen Schülergruppen vorgenommen werden, wird sich der Umfang der **Erkundungsaufgaben** unterschiedlich differenziert gestalten. Sie erfahren ihre konkrete Aufschlüsselung in entsprechenden **Beobachtungsaufträgen** und **Fragekatalogen**.

Sollen die Aspekterkundungen den gewünschten Erfolg zeitigen, so ist eine gründliche **Vor-** und **Nachbereitung** unerläßlich. Die Vorbereitung hat sowohl schulseits als auch betriebsseits zu geschehen. Die Nachbereitung erfolgt in der Schule im Klassenverband.

(b) Verlaufsstruktur von Betriebserkundungen

Um Betriebserkundungen zu einem effizienten Unterrichtsverfahren werden zu lassen, ist es sinnvoll, diese in streng einzuhaltende **Phasen** zu gliedern. Es sind dies (siehe Übersicht 19):

Übersicht 19

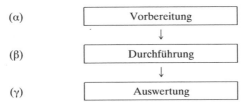

Diese Phasen werden ihrerseits zweckmäßigerweise in Zwischenschritte untergliedert.

Zu (α) Vorbereitung

Bevor eine Betriebserkundung konkret vorbereitet werden kann, muß **geplant** und damit vorläufig festgelegt werden

> in welchem Wirtschaftsbereich
> welcher Betrieb (nach vorheriger Anfrage!)
> unter welchem Aspekt

erkundet werden soll.

Dieser Festlegung nachgeordnet ist die vorläufige Fixierung der mit der speziellen Betriebserkundung verbundenen

> Richtziele,
> Grobziele und der bereits
> antizipierbaren Feinziele.

Der nächste Schritt in der Annäherung an die konkrete Vorbereitung der Betriebserkundung ist der Versuch, die vorausgegangenen Planungen mit den realen Möglichkeiten zur Deckung zu bringen. Das heißt der Lehrer wird entsprechende Anstrengungen unternehmen, um in dem ins Auge gefaßten Wirtschaftsbereich den präferierten Betrieb im vorgesehenen Zeitraum für die angestrebte Betriebserkundung zu gewinnen und damit die intendierten Lernziele tatsächlich aufrechterhalten zu können.

Können die der Planung entsprechenden Voraussetzungen gesichert werden, kann mit der konkreten Vorbereitung der Betriebserkundung begonnen werden. Diese Vorbereitung ist zweckmäßigerweise in drei **Bereichen** zu treffen:

> (aa) beim Lehrer,
> (bb) im Betrieb und
> (cc) bei den Schülern.

Zu (aa): Der **Lehrer**, der eine Betriebserkundung betreut, hat im wesentlichen folgende Vorbereitungen zu treffen:
- Eigeninformation über den Wirtschaftsbereich, in dem der zu erkundende Betrieb angesiedelt ist und über den zu erkundenden Betrieb selbst;
- *endgültige* differenzierte Fixierung des Erkundungsaspektes;
- *endgültige* differenzierte Ausformulierung der Erkundungsziele;
- *eingehende* Kontaktaufnahme mit dem zu erkundenden Betrieb:
  - Vorerkundung unter dem gewählten Erkundungsaspekt;
  - Absprache des räumlichen Ablaufes der Betriebserkundung;
  - Absprache des zeitlichen Ablaufes der Betriebserkundung;
  - Absprache der Erkundungsplätze und der Interviewpartner;
  - Beschaffung von Informations- und Anschauungsmaterial über den Betrieb oder Aspekte des Betriebes für die unterrichtliche Vorbereitung der Betriebserkundung;

– Absprache über die auf Seiten der Schüler erlaubten technischen Gerätschaften (Photoapparat, Videokameras, Ton-
bandgerät etc.);
– Abklärung der auf Seiten der Schüler zu beachtenden Vorsichtsmaßnahmen einschließlich der einschlägigen haftungs-
und versicherungsrechtlichen Fragen;
Information der Schulleitung über die geplante Betriebserkundung und Einholung der dafür erforderlichen Genehmigung.

Zu (bb): Im **Betrieb** muß die Durchführung einer Betriebserkundung einge-
hend organisiert werden. Dabei ist besonders zu achten auf:
– Festlegung der betrieblichen Betreuer/Führer der einzelnen
(Schüler-)Erkundungsgruppen;
– Festlegung der betrieblichen Anlaufstellen für die (Schüler-)Er-
kundungsgruppen;
– Festlegung der betrieblichen Interviewpartner;
– Festlegung der zu erkundenden betrieblichen Arbeitsplätze, Fer-
tigungsstellen, Dienstleistungsbereiche etc.;
– Festlegung des zeitlichen, räumlichen und personenbezogenen
Ablaufes;
– Information der in die Betriebserkundung eingebundenen Mitar-
beiter über die mit dieser schülerseits verfolgten Absichten und
über das zu erwartende Schülerverhalten.

Zu (cc): Die **Schüler** sind auf eine Betriebserkundung unterrichtlich insbe-
sondere in folgender Hinsicht vorzubereiten:
– Information und Instruktion über die geplante Betriebserkun-
dung, über die gewählten Aspekte und die mit ihr verfolgten
Ziele;
– Vermittlung des erforderlichen Vorwissens (wirtschaftlich, tech-
nisch, betriebsspezifisch, begrifflich etc.);
– Zusammenstellung der Erkundungsaufgaben;
– Zusammenstellung der Erkundungsgruppen;
– Zusammenstellung der Fragen- und Beobachtungskataloge für
die einzelnen Gruppen;
– Bestimmung der Interviewer, Protokollanten und sonstiger
Funktionsträger in den einzelnen Gruppen;
– Einüben von Beobachtungstechniken;
– Einüben von Fragetechniken (Interviewtechnik, Gesprächsfüh-
rung);
– Einüben von Protokollieren;
– Darstellen von Erkundungsergebnissen;
– Verhaltensanweisungen.

Zu (β) Durchführung

Die Durchführung der Betriebserkundung ist in der Regel dreigegliedert:

        (aa) Einführung,
        (bb) Erkundung und
        (cc) Abschlußgespräch.

Zu (aa): Die zu einer Betriebserkundung erwartete Klasse wird im gastgebenden Unternehmen üblicherweise von einem Abgeordneten der Geschäftsleitung und den zur Betreuung/Führung der (Schüler-)Erkundungsgruppen vorgesehenen Mitarbeitern empfangen. Dieser Empfang wird zweckmäßigerweise begleitet von einem kurzen Statement über das Unternehmen (Rechtsform, Größe, Belegschaft, Produkte, Marktstellung, Entwicklung u. a. m.). Diesen Ausführungen folgen die Schüler im Klassenverband.

Mit der Auflösung des Klassenverbandes in die vorgesehenen Erkundungsgruppen und die Übernahme derselben durch die betrieblichen Betreuer/Führer endet die Einführung und beginnt die Erkundung.

Zu (bb): Hier werden von den Erkundungsgruppen die in der Vorbereitungsphase festgelegten Erkundungsaufgaben im Rahmen des vorgegebenen Zeitplanes erledigt.

Zu (cc): Nach Erledigung der Erkundungsaufgaben finden sich die einzelnen Erkundungsgruppen – zweckmäßigerweise in einem Versammlungsraum – wieder im Klassenverband unter Einbezug der Gruppenbetreuer/-führer und möglicherweise auch eines Abgeordneten der Geschäftsleitung zusammen. Hier können offene Fragen zu den Erkundungsthemen wie auch darüber hinausgehende, dem allgemeinen Verständnis dienende zusätzliche Fragen gestellt werden. Das Abschlußgespräch ist gruppenübergreifend.

Wie die Erfahrung lehrt, sollte die Durchführung der Betriebserkundung nicht länger als drei Stunden dauern. Länger sich ausdehnende Betriebserkundungen laufen leicht Gefahr, die Schüler in der erforderlichen Konzentration und Aufmerksamkeit zu überfordern.

Zu (γ) Auswertung

In dieser – wieder als indoor-Veranstaltung – die Betriebserkundung abschließenden Phase werden von den Sprechern der einzelnen Erkundungsgruppen die Erkundungsergebnisse präsentiert, um alsdann in gemeinsamer Arbeit der Klasse analysiert und ausgewertet zu werden. Soweit sich bei dieser Auswertung zeigt, daß die Erkundung Fragen offen ließ oder nicht hinreichend beantworten konnte, können zusätzliche Informationen über schriftliche Quellen, Auskunftsstellen oder Fachleute, gegebenenfalls auch über den Betrieb, in dem die Erkundung stattfand, nachträglich eingeholt werden.

Nach der Auswertung empfiehlt es sich, die Erkundungsergebnisse in überarbeiteter Form schriftlich zu fixieren und für die Mitschüler der Klasse als Erkundungsbericht zu vervielfältigen. Die Erkundungsberichte sollen als Erfahrungsmaterial in nachfolgende Unterrichts- und Hausarbeit einbezogen werden können.

Die schriftliche Dankabstattung an die Unternehmensleitung des erkundeten Betriebes kann eine Kopie des Erkundungsberichtes einschließen. Darüber kann möglicherweise das Verständnis und die Aufgeschlossenheit derselben gegenüber Betriebserkundungen auch für die Zukunft stimuliert werden.

(c) Methodische Varianten der Betriebserkundung

Neben den **Gruppenerkundungen** (d. s. Betriebserkundungen im engeren Sinn), bei denen der Klassenverband in Erkundungsgruppen aufgelöst und diese wiederum mit Erkundungsaufgaben betraut und auf den Weg geschickt werden, können auch Alleinerkundungen und Klassenerkundungen (d. s. Betriebserkundungen im weiteren Sinn) durchgeführt werden.

Alleinerkundungen, das sind Erkundungen wirtschaftlicher (betrieblicher) Realität in einem kleinen Ausschnitt, die leicht von einem einzelnen Schüler durchgeführt werden können. Alleinerkundungen werden gerne als außerschulische Aufgaben vergeben.

Klassenerkundungen, das sind Betriebserkundungen, bei denen der Klassenverband nicht aufgelöst wird. Derlei Veranstaltungen sind allenfalls bei sehr kleinen Klassen zu vertreten, wenn die einzelnen Schüler oder von diesen (im Klassenverband) gebildete Gruppen mit eigenen Erkundungsaufgaben ausgestattet sind. Ist dies nicht der Fall, besteht die Gefahr, daß sich niemand oder nur wenige Schüler für die Erkundungen (d. h. die notwendigen Fragen und Beobachtungen) persönlich engagiert/engagieren und so die Veranstaltung zu einer mehr oder weniger passiven Besichtigung verkommt.

(d) Kontrollfragen

(1) Was macht das Wesen von Betriebserkundungen aus?
(2) Unter welchen Aspekten werden Betriebserkundungen sinnvollerweise durchgeführt?
(3) In welche Phasen sollten Betriebserkundungen gegliedert werden?
(4) Welche Teilaufgaben fallen in die Vorbereitungsphase?
(5) In welchen Bereichen sind entsprechende Vorbereitungen zu treffen?
(6) Welche Vorbereitungen hat der Lehrer zu treffen?
(7) Welche Vorbereitungen müssen im (Erkundungs-)Betrieb getroffen werden?
(8) Welche Vorbereitungen sind seitens der Schüler zu treffen?
(9) In welche Teilaufgaben läßt sich die Durchführungsphase gliedern?
(10) Welche Aktivitäten beinhaltet die Auswertungsphase?
(11) Welche methodischen Varianten der Betriebserkundung lassen sich unterscheiden?

(e) Weiterführende Literatur

Beinke, L. (Hrsg.), Betriebserkundungen, Bad Heilbrunn/Obb. 1980.
Beinke, L., Stichwort: Betriebserkundung, in: May, H. (Hsrg.), Lexikon der ökonomischen Bildung, 2. Aufl., München-Wien 1997, S.106–108.
Kaiser, F.J., Kaminski, H., Methodik des Ökonomie-Unterrichts – Grundlagen eines handlungsorientierten Lernkonzepts mit Beispielen, Bad Heilbrunn/Obb. 1994.
Steinmann, B., Erkundungen ökonomischer Realität. Theoretische Grundlegung und schulische Anwendung, Essen 1982.

Zu (6) Das Betriebspraktikum

(a) Ursprung und Wesen des Betriebspraktikums

Als außerschulische Lehrveranstaltung zur ökonomischen Bildung hat das Betriebspraktikum bereits in den fünfziger Jahren durch fortschrittliche Lehrer Eingang in Abschlußklassen der Hauptschule (Volksschule) gefunden. Diese pädagogischen Vorstöße blieben jedoch punktuell begrenzt, da ihnen die institutionelle Verankerung über entsprechende Richtlinien, Erlasse, Handreichungen und ähnliches fehlte. Erst im Jahre 1964 erfuhr das Betriebspraktikum durch das Gutachten des Deutschen Ausschusses für das Erziehungs- und Bildungswesen[27] eine allgemeine Anerkennung. Es wurde als ein obligatorisches Unterrichtsverfahren der Arbeitslehre ausgewiesen und fand in der Folgezeit als solches Berücksichtigung in den Arbeitslehre-/Wirtschaftslehre-Curricula fast aller Bundesländer.

Hinter dem pauschalen Anspruch des Betriebspraktikums „die Schüler an die Arbeits- und Wirtschaftswelt heranzuführen", lassen sich im wesentlichen folgende Zielsetzungen ausmachen:

Die Schüler sollen

– Erkenntnisse gewinnen über den arbeitenden Menschen,
– Einsichten erlangen in die sozialen Strukturen der Arbeits- und Wirtschaftswelt,
– differenzierte Einblicke in betriebliche Zusammenhänge erlangen,
– einfache Arbeitsaufträge erledigen und darüber erste praktische Arbeitserfahrung machen,
– die eigenen Berufswahlvorstellungen in Konfrontation mit der realen Arbeitswelt kritisch überdenken,
– Affinität und Sensibilität gegenüber wirtschafts- und arbeitsrechtlichen Fragen- und Problemstellungen entwickeln.[28]

---

[27] Deutscher Ausschuß für das Erziehungs- und Bildungswesen, Empfehlungen und Gutachten, Folge 7/8, Stuttgart 1968.
[28] Vgl. Pelz, B., Anspruch und Wirklichkeit von Schülerpraktika, in: Arbeitslehre, Heft 2, 1976, S.63 ff; siehe auch Kaiser, F.J. u. Kaminski, H., Methodik des Ökonomie-Unterrichts-Grundlagen eines handlungsorientierten Lernkonzeptes mit Beispielen, Bad Heilbrunn/Obb. 1994, S.316.

Diesen anspruchsvollen Zielvorgaben kann – wie Kaiser/Kaminski zurecht beklagen – die einschlägige Praxis großteils leider nicht gerecht werden. Sie reduziert das Betriebspraktikum bedauerlicherweise sehr häufig auf den Aspekt der Berufswahlorientierung und verleiht diesem damit den Charakter einer „Art Probelehre"[29]. Eine solche Anlage des Betriebspraktikums faßt zu kurz und kann dem ökonomischen Bildungsauftrag der Schule (siehe hierzu meine Ausführungen unter I.) nicht gerecht werden.

Auch die in den Rahmenrichtlinien und Lehrplänen der Kultusbehörden immer wieder ausgegebene Empfehlung, Betriebspraktika unter berufs-orientierendem, funktionalem und sozialem Aspekt durchzuführen, sind – wie Kaiser/Kaminski betonen[30] – zu eng gefaßt und bergen die Gefahr, die betriebliche Arbeitswelt nur ausschnitthaft zu erfassen und damit den Blick für das betriebliche Ganze in seiner gesamtwirtschaftlichen Eingebundenheit zu verlieren. Eine solche ausschnitthafte Erfassung betrieblicher Wirklichkeit fügt sich vieleher den Absichten der Betriebserkundung (siehe V., (5)). Das Betriebspraktikum sollte dagegen eine *mehr ganzheitliche* Erfassung des Betriebes, das heißt der betrieblichen Wirtschafts- und Arbeitswelt, anstreben.

(b) Verlaufstruktur von Betriebspraktika

Ähnlich wie bei der Betriebserkundung erfordert ein effizienter schulischer Einsatz des Betriebspraktikums eine Stufung desselben in drei **Phasen** (siehe Übersicht 20):

Übersicht 20

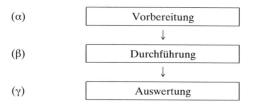

(α)	Vorbereitung
↓	
(β)	Durchführung
↓	
(γ)	Auswertung

Auch empfiehlt es sich wiederum, diese Phasen in Zwischenschritte unterzugliedern.

Zu (α) Vorbereitung

Die Vorbereitung von Betriebspraktika verlangt zuvorderst deren *planende Antizipation*. Es muß für jeden einzelnen Schüler festgelegt werden
– in welchem Betrieb (nach vorheriger Anfrage!)
– unter welchen allgemeinen und besonderen Erfahrungsinteressen
ein Praktikum absolviert werden soll.

---

[29] Ebenda.
[30] Vgl. ebenda S. 317.

Während sich das *allgemeine Erfahrungsinteresse* auf die betriebliche Wirklichkeit in ihren vielfältigen Erscheinungsformen richtet und damit in der Regel nur oberflächlich befriedigt werden kann, wird das *besondere Erfahrungsinteresse* bewußt eng gefaßt und kann damit auch eingehender bedient werden.

Da die Betriebspraktika großteils in den Dienst der Berufswahlorientierung gestellt werden, ist das ihnen eigene besondere Erfahrungsinteresse auf einen bestimmten Beruf oder einige wenige bestimmte Berufe gerichtet. Das Betriebspraktikum dient in dieser Ausrichtung der Vermittlung von betriebsgebundenen Informationen, die die schulische Unterweisung nicht erbringen kann.

Eine fruchtbare betriebliche Informationsaufnahme setzt nun aber in der Regel eine entsprechende unterrichtliche Vorbereitung voraus, so insbesondere eine theoretische Durchleuchtung der zu entdeckenden praktischen Befunde. Andererseits wird auch die unterrichtliche Grundlegung sehr häufig erst durch die praktische Bestätigung mit Leben erfüllt und damit bildungsaktiv. Schulische Vorbereitung und praktische Entdeckung/Erfahrung stehen somit für den erstrebten Bildungseffekt in einem konstitutiven synergetischen Verhältnis.

Auf dem Hintergrund dieser Feststellung erscheint es einleuchtend, daß jedes Betriebspraktikum in ein Lernefffizienz erzwingendes Korsett von Lernzielen gestellt werden muß.

Eine möglichst umfassende Verwirklichung der dem Betriebspraktikum vorgegebenen Lernziele läßt es – ähnlich wie bei der Betriebserkundung – sinnvoll erscheinen, entsprechende Vorbereitungen in drei Bereichen zu treffen:

> (aa) beim Lehrer,
> (bb) im Betrieb und
> (cc) bei den Schülern.

Zu (aa): Der **Lehrer** des wirtschaftskundlichen Faches, in dessen Rahmen Betriebspraktika curricular angeordnet sind, hat im wesentlichen folgende Vorbereitungen zu treffen:
– Erkundung der in der Klasse gewünschten Ausbildungsberufe;
– Feststellung von Betrieben, die in den gewünschten Berufen ausbilden/ beschäftigen und die bereit wären, Praktikanten aufzunehmen;
  (Soweit die Betriebspraktika zentral, z.B. durch das Schulamt oder eine dafür geschaffene Einrichtung vermittelt werden, kann diese Aufgabe für den Lehrer entfallen!)
– Information der Betriebe über die für sie mit der Bereitstellung von Praktikantenplätzen anfallenden Aufgaben, so insbesondere
  – Aufgabenzuweisung an die Praktikanten,
  – Betreuung der Praktikanten durch dazu befähigte Mitarbeiter,
– Kooperation/Erfahrungsaustausch mit der Schule respektive mit den die jeweiligen Praktika betreuenden Lehrern;

- Erkundung der betrieblichen Gegebenheiten, innerhalb deren das jeweilige Betriebspraktikum erfolgen soll;
- Beschaffung von Informationsmaterial über die einzelnen Praktikumsbetriebe respektive über bestimmte Teilaspekte derselben für die unterrichtliche Vorbereitung des Betriebspraktikums;
- betriebsseitige Abklärung der von den Schülern bei Ableistung ihres Praktikums zu beachtenden Vorsichtsmaßnahmen einschließlich der einschlägigen haftungs- und versicherungsrechtlichen Fragen;
- Information der einzelnen Schüler über die für sie eingeworbenen Praktikumsplätze und deren Besonderheiten;
- gegebenenfalls zusammenfassende Meldung der eingeworbenen Praktikumsplätze und deren Besetzung an die Schulleitung.

Zu (bb):Im **Betrieb** muß die Absolvierung eines Betriebspraktikums eingehend organisiert werden. Dabei ist besonders zu achten auf:
- Festlegung der personellen Betreuung des einzelnen Praktikanten;
- chronologische Festlegung der Arbeitsplätze des einzelnen Praktikanten und der dortigen engeren Bezugspersonen;
- Information der in ein Betriebspraktikum einbezogenen Mitarbeiter über die mit diesem schulseits verfolgten Absichten und über das zu erwartende Praktikantenverhalten.

Zu (cc): Die **Schüler** sind auf ihr Betriebspraktikum unterrichtlich in folgender Hinsicht vorzubereiten:
- Information und Instruktion über das geplante Betriebspraktikum, über die im Rahmen desselben zu bewältigenden Aufgaben / Tätigkeiten und die über diese verfolgten Lernziele;
- Vermittlung des erforderlichen Vorwissens (in wirtschaftlicher, technischer, betriebsspezifischer, berufskundlicher, begrifflicher u. a. Hinsicht);
- Zusammenstellung von Fragen und Erkundungsaufgaben , auf die im Rahmen des Praktikums Antwort gesucht werden soll beziehungsweise die in dessen Ableistung gelöst werden sollen;
- Verhaltensanweisungen.

Zu (β) Durchführung

Die Durchführung von Betriebspraktika sollte möglichst nach der vom betreuenden Lehrer mit dem Betrieb getroffenen Planung erfolgen. Dieser Anspruch kann nicht ausschließen, daß unvorherzusehende Umstände ein Abweichen von der ursprünglichen Marschroute erfordern. Solchen Umständen gilt es mit dem erforderlichen Verständnis und der notwendigen Flexibilität zu begegnen. – Es gilt jedoch auch, auf den mit dem Betrieb getroffenen grundsätzlichen Praktikumsvereinbarungen zu bestehen und die den Schülern daraus erwachsenden Erkundungs- und Erfahrungsansprüche hinlänglich zu sichern. Insbesondere dieses Praktikanteninteresse (daneben aber auch entsprechende Rückkopplungswünsche des Betriebes respektive des das Betriebspraktikum betreuenden Mitarbeiters) machen eine **schulische**

Begleitung des Praktikums notwendig. So sollte der ein *Blockpraktikum* (siehe hierzu die Ausführungen unter Punkt (c); für Tages- und Stundenpraktika ergibt sich dieses Erfordernis in modifizierter Form!) betreuende Lehrer nicht nur in gewissen Zeitabständen den Praktikumsbetrieb besuchen und sich mit den Praktikanten und den diese betreuenden betrieblichen Mitarbeitern ins Benehmen setzen, um eventuell auftauchende Fragen und Probleme zu Kenntnis zu nehmen und gegebenenfalls entsprechende Antworten zu geben respektive Interventionen zu starten. Er sollte auch in gewissen Zeitabständen (je nach Dauer des Betriebspraktikums!) – vorzugsweise an Wochenenden – eine schulische Begleitveranstaltung mit Erfahrungsaustausch und Anregungen (auch zur Bewältigung auftauchender Probleme!) anbieten. Solche Veranstaltungen können im allgemeinen (je nach Teilnehmerzahl!) relativ kurz gehalten werden.

Zu (γ) Auswertung

In dieser wieder im Klassenverband praktizierten Phase des Betriebspraktikums werden von den einzelnen Schülern die (in erster Linie lernzielorientierten) Praktikumserfahrungen in geraffter Form reportiert, um alsdann in gemeinsamer Arbeit der Klasse analysiert und ausgewertet zu werden. – Soweit bei dieser Auswertung wichtige Fragen offen bleiben, können zusätzliche Informationen über schriftliche Quellen (Nachschlagewerke, Monographien u. a. m.), Auskunftstellen oder Fachleute gegebenenfalls auch über den Betrieb, in dem das Praktikum absolviert wurde, eingeholt werden.

Nach der Auswertung empfiehlt es sich für jeden Schüler, die Erfahrungen und Erkenntnisse seines Betriebspraktikums in gedrängter Form schriftlich zu fixieren (**Praktikumsbericht**). Dieser Praktikumsbericht soll als Erfahrungsmaterial in nachfolgende Unterrichts- und Hausarbeit einbezogen werden können.

Eine schriftliche Dankabstattung der Schüler an die Leitung des jeweiligen Unternehmens, in dem das Betriebspraktikum absolviert werden durfte, kann eine Kopie des Praktikumsberichtes einschließen. Über eine solche (selbstverständliche) Dankesgeste kann möglicherweise das Verständnis und die Aufgeschlossenheit der Unternehmen für Betriebspraktika auch für die Zukunft stimuliert werden.

(c) Organisationsformen des Betriebspraktikums

Je nach Zeitraum, über den sich ein Praktikum erstreckt, lassen sich folgende Organisationsformen ausmachen:

– das Blockpraktikum,
– das Tagespraktikum und
– das Stundenpraktikum.

Das **Blockpraktikum** ist die heute wohl am weitesten verbreitete Organisationsform des Betriebspraktikums. Nach ihr praktizieren die Schüler mehre-

re, das sind in der Regel 2-4, Wochen in *einem* Betrieb. Diese Organisationsform ermöglichst den Schülern – im Gegensatz zum Tages- oder Stunden
praktikum – den „Besucherstatus" aufzugeben und für eine längere Zeit im
Betrieb „heimisch" zu werden. In ihr lassen sich damit auch atmosphärische
sowie gesellschaftliche, soziale , zwischenmenschliche und andere Phänomene und Probleme des Betriebes einfangen.

Die Praktikumswoche wird häufig auf vier betriebliche Arbeitstage begrenzt, so daß zur schulischen Aufarbeitung der wöchentlichen Praktikumserfahrungen der Freitag und/oder gegebenenfalls auch der Samstag herangezogen werden können.

Beim **Tagespraktikum** arbeiten die Schüler an einem Tag pro Woche für 6-
8 Stunden in einem Betrieb. An den übrigen Tagen gehen sie zur Schule. Die
schulische Aufarbeitung der Praktumserfahrungen muß nicht wöchentlich,
sondern kann auch in längeren Zeitabständen gebündelt erfolgen.

Diese Organisationsform ist sicher nicht ungeeignet, technische Abläufe,
organisatorische Zusammenhänge, berufliche Merkmale und Tätigkeiten wie
auch manch' anderes zu erfassen; sie beläßt dem Praktikanten jedoch bedauerlicherweise kaum mehr als eine Besucherrolle, die ein Eindringen in komplexe Betriebsprobleme nur schwer zuläßt.

Das **Stundenpraktikum** wird innerhalb eines klar abgesteckten, relativ kurzen Zeitraumes (z.B. innerhalb 2, 3, 4 Wochen) an mehreren Wochentagen
(z.B. an 4 Nachmittagen je Woche mit jeweils 3-4 Stunden) absolviert. Seine
pädagogischen Möglichkeiten entsprechen in etwa denen des Tagespraktik-
ums.

(d) Kontrollfragen

(1) Wie läßt sich der pädagogische Anspruch des Betriebspraktikums (pau-
schal) umschreiben?
(2) Welche didaktischen Zielsetzungen lassen sich diesem pädagogischen
Anspruch zuordnen?
(3) In welche Phasen ist das Betriebspraktikum zweckmäßigerweise zu gliedern?
(4) In welchen Bereichen sind entsprechende Vorbereitungen zu treffen?
(5) Welche Vorbereitungen hat der Lehrer zu treffen?
(6) Welche Vorbereitungen müssen im (Praktikums-)Betrieb getroffen
werden?
(7) Welche Vorbereitungen sind seitens der Schüler zu treffen?
(8) Welche Bemühungen seitens des betreuenden Lehrers sollte die schulische Betreuung des Betriebspraktikums beinhalten?
(9) Welche Aufgaben fallen in der Auswertungsphase an?
(10) Nach welchen Organisationsformen können Betriebspraktika veranstal-
tet werden?

(e) Weiterführende Literatur

Beinke, L., Das Betriebspraktikum. Darstellung und Kritik eines pädagogischen Konzeptes zur Berufswahlreife, Bad Heilbrunn/Obb. 1977.

Beinke. L., Stichwort: Betriebspraktikum, in: May, H. (Hrsg.), Lexikon der ökonomischen Bildung, 2. Aufl., München-Wien 1997, S. 112 f.

Eckert, M., Stratmann, K., Das Betriebspraktikum. Entwicklung – Konzepte und Probleme, Köln 1978.

Gattermann, H. (Hrsg.), Betriebspraktikum, Hannover 1974.

Kaiser, F.-J., Kaminski, H., Methodik des Ökonomie-Unterrichts. Grundlagen eines handlungsorientierten Lernkonzepts mit Beispielen, Bad Heilbrunn/Obb. 1994.

Rombach, K., Das Betriebspraktikum als Teil der Arbeitslehre, Villingen-Schwenningen 1975.

Namenregister

Stichwortregister

Weitere Werke von Professor May im Oldenbourg Wissenschaftsverlag:

May, H.,
Ökonomie für Pädagogen,
9. Auflage

May, H. (Hrsg.),
Handbuch zur ökonomischen Bildung,
5. Auflage

May, H. (Hrsg.),
Lexikon der ökonomischen Bildung,
3. Auflage

May, H.,
Wirtschaftsbürger-Taschenbuch,
4. Auflage

R. Oldenbourg Verlag München Wien